KOMMT DER CORONA-CRASH?

Gedruckt nach der Richtlinie des
Österreichischen Umweltzeichens
„Druckerzeugnisse",
Buch Theiss GmbH, Nr. 869

MIX
Papier aus verantwor-
tungsvollen Quellen
FSC® C012536
FSC
www.fsc.org

Willibald Katzenschlager
im Gespräch mit Silvia Jelincic:
Kommt der Corona-Crash?

© 2021 edition a, Wien
www.edition-a.at

Cover und Gestaltung: Isabella Starowicz

Gesetzt in der Premiera
Gedruckt in Österreich

1   2   3   4   5   —   25   24   23   22   21

ISBN 978-3-99001-514-8

Willibald
Katzenschlager
im Gespräch mit Silvia Jelincic

KOMMT DER
CORONA
CRASH?

Was Sie JETZT über
Ihren Job und Ihr Geld
wissen sollten

edition a

Inhalt

Ein unverdächtiger Praktiker
der Finanzmärkte

Wer ist Willibald Katzenschlager und was
weiß er, das wir nicht wissen? Ein Vorwort
der Journalistin und Betreiberin einer
Blogging-Plattform, Silvia Jelincic.

Es ist so absurd, als wären Erdbeeren plötzlich
blau und als würde das Mittelmeer im Sommer
zufrieren: Die Politik sperrt die Betriebe zu, die
Staaten verteilen Geld mit beiden Händen und
die *Europäische Zentralbank* produziert es im
Hintergrund, als gäbe es kein Morgen.

Wie krank ist das denn? Wie kaputt ist dieses
System? Wenn das funktioniert, warum haben
wir dann nicht schon immer einfach Geld gedruckt, statt zu arbeiten? Warum haben wir dann
zuletzt sogar bei Bildung, Gesundheit und Sozialleistungen für alleinerziehende Mütter an der
Armutsgrenze gespart? Wie lange also kann das
alles gut gehen? Wann kommt die Rechnung dafür? Wann haben wir Inflationsraten, wie wir sie
bisher nur aus Ländern wie Venezuela kennen?
Wann crasht der Euro? Wann stürzen die Börsen

endgültig ab? Wann crasht unser ganzes Wirtschaftssystem? Wann sind wir mit unserer Art zu leben am Ende? Was kommt danach? Kommt ein völlig neues Geld-System? Bereitet die EU es womöglich schon im Hintergrund vor? Wird auf den Straßen Krieg herrschen, weil nichts mehr funktioniert? Schlägt die Stunde der Diktatoren?

Was als Folge der Corona-Krise mit Europa und Ländern wie Deutschland und Österreich passiert, widerspricht jeder Vernunft und allem, was wir über Wirtschaft an der Schule gelernt haben. Deshalb macht es Menschen quer durch alle Gesellschaftsschichten und Altersgruppen Angst.

Wenn ich in den vergangenen Wochen das Thema Wirtschaft ansprach, dann war es oft, wie in eine Blase zu stechen. Verdrängtes brach hervor und die Ansage war immer klar: Wahnsinn. Was hier passiert, ist Wahnsinn. Das kann nicht gutgehen. Das dicke Ende der Corona-Krise kommt erst und es wird so schlimm sein, dass wir es besser verdrängen und unser Leben genießen, solange es noch irgendwie geht. Auch weil wir als »kleine Bürger« daran nichts ändern können.

Manchmal hat es den Anschein, als wären wir alle, auch die politischen und wirtschaftlichen

Institutionen, nur Beifahrer in einem giganti-
schen wirtschaftlichen Selbstzerstörungspro-
gramm. Seine Energie bezieht es aus einer globalen Massenhysterie um ein neues, medizinisch
noch nicht ganz erforschtes aber im Vergleich zur
Grippe wahrscheinlich etwas gefährlicheres Virus. So klingt das jedenfalls in hunderten Posts,
die ich jeden Tag als Chefredakteurin einer Blogging-Plattform sehe und in hunderttausenden
Posts zum Thema, die in allen anderen sozialen
Medien auftauchen.

Wie lässt sich die Wahrheit auf die offenen Fragen finden? Wie viel wissen die Politiker wirklich
über die Folgen ihrer bei einer Mehrheit offenbar
beliebten Pandemiebekämpfung mit großzügig
verhängten Lockdowns? Wissen sie überhaupt
irgendetwas? Wie ernst zu nehmen sind die Be-
schwichtiger aus den Reihen der Wirtschaftswissenschaftler, deren Prognosen schon immer von
fragwürdiger Qualität waren und die zum Bespiel
auch die große Finanzkrise der Jahre 2008 und
2009 nicht kommen sahen? Würden sie es sich zu
sagen trauen, wenn sie ebenfalls Angst hätten?
Oder müssten sie dann befürchten, politisch oder
vielleicht sogar medial in Ungnade zu fallen?

Ich wandte mich an einen, der im Hinblick auf Obrigkeitshörigkeit und Manipulierbarkeit unverdächtig ist. Willi Katzenschlager kommt aus einer Arbeiterfamilie, absolvierte eine Handelsakademie, genoss zwischendurch sein Leben ein Jahr lang in Griechenland, fing in den 1980er-Jahren als »kleiner« Kundenbetreuer in einer ganz normalen Bankfiliale an, arbeitete sich über Jahrzehnte hoch und ist jetzt *Director Sales Trading & Capital Markets* bei der *Liechtensteinischen Landesbank Österreich AG*, einer der renommiertesten Privatbanken des Landes.

Kurz gesagt: Katzenschlager ist ein erfahrener Praktiker unter den Brokern, Daytradern und Investmentbankern, der sich seit Jahrzehnten mit dem kurz-, mittel- und langfristigen Vermehren von Geld und dem Absichern von Erträgen befasst, zu diesem Zweck ebensolange jede auch noch so kleine wirtschaftliche Bewegung beobachtet und zu interpretieren gelernt hat, und der es nicht nötig hat, irgendetwas irgendwem gegenüber zu beschönigen oder zu verschleiern. Im Gegenteil: Sein Job besteht darin, die Wahrheit zu erkennen, zu kommunizieren und Investmentstrategien auf ihr aufzubauen. Schlicht und einfach, weil er nur mit ihr im Sinne seiner Kunden und seiner Bank Geld verdienen kann.

Das beste Mittel gegen Ängste ist ein klarer Blick auf die Fakten. Deshalb habe ich ihm alle genannten Fragen gestellt, immer vorausgesetzt, dass die Politik die Pandemie im Laufe des Jahres 2021 unter Kontrolle bekommt, und aufgeschrieben, was er antwortete. Also, Herr Katzenschlager, geht die Welt unter?

Einfach war es auch
vorher nicht

Die Corona-Krise traf die Wirtschaft in einer
schwierigen Phase. Auch ohne das Virus waren
die Aussichten durchwachsen. Warum?

Wir denken kaum noch daran, aber die Wirtschaftsprognosen waren schon vor der Corona-Krise nicht gerade optimistisch. Schon damals
hieß es: lieber vorsichtig sein, lieber aufmerksam
bleiben, lieber etwas zur Seite legen, denn wer
weiß, was kommt.

In Wirtschaftsmedien war von einer drohenden Eintrübung die Rede, vom brummenden Mo-
tor der Wirtschaft, der bald ins Stottern geraten
könnte. Das bezog sich sowohl auf die Finanzwirtschaft, als auch auf die Realwirtschaft, also
auf das Wachstum, die Auftragslage der Unternehmen, den Konsum und den Arbeitsmarkt.

Analysten, Finanzminister, Banker, Investoren, Unternehmer, Manager und viele Menschen, die als Angestellte Teil der Wirtschaft
sind und sie mitgestalten, erlebten bereits Anfang des Corona-Jahres 2020 die Wirtschaft als

angeschlagen und stellten sich auf schlechtere Zeiten ein. Sie empfanden ihren Höhenflug nach der Finanzkrise der Jahre 2008 und 2009 sowie der darauffolgenden Staatsschuldenkrise als zerbrechlich.

Einige stellten bereits Fragen wie: Wann kommt die nächste Krise? Wie wird sie ausfallen? Noch schlimmer als die von 2008 und 2009? Platzt eine Blase? Kommt ein Crash? Diese Sorgen entstanden nicht bloß aus dem Bauchgefühl einer von der Finanzkrise noch traumatisierten Gesellschaft, sie hatten ein paar handfeste Gründe.

Kriegsgebiet Welthandel

Einer dieser Gründe war das Auseinanderbrechen internationaler Handelsgepflogenheiten, das sich besonders in der ruppigen China-Politik des vormaligen US-Präsidenten Donald Trump zeigte. Trump sorgte dafür, dass der Handelsstreit zwischen China und den USA, der bis dahin nur geschwelt hatte, akut wurde.

Bei dieser wirtschaftspolitischen Auseinandersetzung ging es um die Einführung neuer und die Erhöhung bestehender Importzölle. Amerika wollte so die Einfuhr etwa von Stahl und Aluminium aus China erschweren, und China die Einfuhr etwa von Sojabohnen, Autos und Flugzeugen aus Amerika.

Hintergrund waren das Handelsbilanzdefizit der USA (China lieferte zu diesem Zeitpunkt etwa drei Mal so viel Waren in die USA wie umgekehrt die USA nach China), der von Amerika beklagte Diebstahl geistigen Eigentums durch China und erzwungene Technologietransfers Chinas. (Ausländische Unternehmen, die am chinesischen Markt tätig sein wollten, mussten chinesischen Unternehmen oft Eigentums- und Nutzungsrechte für ihre Technologie überlassen.)

Der Streit beschränkte sich bald nicht mehr nur auf die beiden Großmächte. Denn zum einen mussten sich andere Staaten und Staatengemeinschaften wie Europa entscheiden, auf welcher Seite sie standen. Es ging um Loyalitäten, gleichzeitig reichte Trumps protektionistische »America first«-Politik auch über seine China-Strategie hinaus. Auch zwischen den USA und Europa kamen in Fragen des Außenhandels

Streitpunkte und damit Sonderzölle und der Abbruch der Verhandlungen über das transatlantische Freihandelsabkommen TTIP (*Transatlantic Trade and Investment Partnership*) auf den Tisch.

Schon damals war klar: Selbst wenn Donald Trump die Präsidentschaftswahl 2020 verlieren würde, was inzwischen bekanntlich geschehen ist, würden die transatlantischen Wirtschaftsgeflechte nicht mehr in ihrer alten Form auferstehen. Denn Trumps Außenhandelspolitik war nicht bloß von Protektionismus und Populismus geprägt, wie es den Anschein haben konnte. Das amerikanische Außenhandelsdefizit mit China, das in einer Zeit wurzelte, in der die Großmacht noch Entwicklungsland war, wurde den neuen wirtschaftspolitischen Machtverhältnissen tatsächlich nicht gerecht. Auch in den Handelsbeziehungen mit Europa hatte Amerika tatsächlich gute Gründe, Nachbesserungen zu seinen eigenen Gunsten einzufordern. Diplomatischer im Ton, aber ähnlich hart in der Sache würden die Auseinandersetzungen über Trumps Auszug aus dem Weißen Haus hinaus anhalten, so schon damals die allgemeine Erwartung.

Europa war das in mancher Hinsicht sogar recht. Denn dass China mit aller Konsequenz einer wirtschaftsliberalen Diktatur seine globalen Machtansprüche durchsetzt, war auch Brüssel und den beiden wichtigsten EU-Staaten Deutschland und Frankreich nicht egal. Auch sie wollten Chinas Expansionsgelüsten Grenzen setzen.

Insgesamt drohte damit eine neue Polarisierung der Weltwirtschaft, von der klar war, dass sie ihr nicht guttun würde. Das fein gesponnene Gefüge der *Welthandelsorganisation (WTO)* hatte endgültig auseinanderzudriften begonnen.

Eine globale Wirtschaft, in der ohne nationale Befindlichkeiten alle mit allen können, ist aus den gleichen Gründen erfolgreich wie ein Unternehmen, in dem alle Abteilungen ohne persönliche Befindlichkeiten gut zusammenarbeiten. Klappt das nicht mehr, wird es schwierig.

Einer der großen wirtschaftlichen Erfolgsfaktoren der vergangenen Jahre schwand damit bereits vor der Corona-Krise.

Strafzölle im Wohnzimmer

Viele Menschen denken, dass diese wirtschafts-politischen Themen sie nichts angehen. Doch da irren sie. Die globale Wirtschaft ist ein komplexes System, in dem längst alles mit allem zusammenhängt und in dem kleine Fehlentwicklungen große Auswirkungen haben können.

Wenn etwa ein europäischer Autohersteller wegen Sonderzöllen weniger Autos verkauft, schließt er vielleicht Fabriken oder übersiedelt sie von Europa an billigere Standorte. Menschen in Europa verlieren dann ihren Job, aber das ist noch längst nicht alles. Zulieferbetriebe verlieren Aufträge, die Hotellerie und die angeschlossene Gastronomie verlieren Geschäftsreisende, womit Bäcker, Fleischer oder etwa Wäschereien Kunden verlieren. In der vom Stellenabbau betroffenen Region sinken die Immobilienpreise und mit ihnen die Aktivitäten der Immobilieninvestoren, was dort die Umsätze von Hochbaufirmen, Architekten, Installateuren oder etwa Fenster- und Karniesen-Herstellern mindert.

Dadurch sinken auch die Steuereinnahmen der betroffenen Kommunen, die damit Straßen pflastern oder Krankenhäuser betreiben. Was wiederum bedeutet, dass auch Straßenbaufirmen oder das Gesundheitspersonal betroffen sein können.

Ein Sonderzoll für europäische Autos kann wie jedes andere Handelshemmnis mehr oder weniger direkt in jedem einzelnen europäischen Haushalt ankommen.

Party-Crasher Brexit

Der zweite Hauptgrund für die Sorgen über die Entwicklung der Vor-Corona-Wirtschaft war der Brexit, mit dem sich Europa zu diesem Zeitpunkt bereits dreieinhalb Jahre lang, seit dem britischen EU-Mitgliedschaftsreferendum am 23. Juni 2016, beschäftigen musste. Eine Verschiebung folgte auf die nächste, und während sich die Politik in einem Schaukampf um die Frage verstrickte, welche Fischer künftig wie viele Fische in britischen Gewässern fangen durften, mussten sich viele direkt betroffene Unternehmen darauf vorbereiten.

Deutschland etwa konnte erwarten, in einzelnen Branchen vom Brexit zu profitieren. So zogen Finanzfirmen von London nach Frankfurt am Main, wodurch dort neue Arbeitsplätze entstanden. Doch die befürchteten Nachteile überwogen. So stellte sich, um beim Beispiel Auto-Industrie zu bleiben, die Frage, ob die Engländer, die im Jahr 2017 noch 770.000 deutsche Autos gekauft hatten, weiterhin so gerne *Mercedes, BMW* oder *Volkswagen*-Marken fahren würden, wenn die Zölle das verteuerten. Autos sind Deutschlands wichtigster Industriezweig, und wenn er leiden würde, würde wieder die ganze Kette mitleiden, von der Hotellerie über die Bäcker bis zu den Karniesen-Herstellern.

Die Einigung auf einen geordneten Brexit zu Weihnachten 2020 hat das Schlimmste verhindert, doch zu Jahresbeginn kamen die Handelshemmnisse und die Brexit-Sorgen zu einem denkbar ungünstigen Zeitpunkt. So etwa hatte sich im Vorfeld die Finanzierungssituation für Unternehmen verschlechtert, weil die Politik die Banken nach der Finanzkrise von 2008 und 2009 stärker reguliert hatte. Hinzu war gekommen, dass die Banken in einer Art vorauseilendem Gehorsam von sich aus vorsichtiger geworden waren. Die erste Frage der Banken lautete seither nicht mehr »Was planen Sie mit dem Geld?«, sondern »Was sind Ihre Sicherheiten?«.

Die Firmen bekamen deshalb weniger Kredite, vor allem die Klein- und Mittelbetriebe, die das Herz der europäischen Wirtschaft bilden. Das bedeutete weniger Investitionen und Expansion, weniger Jobs, weniger Aufstiegs-Chancen in den betroffenen Firmen, und absehbar auch weniger Gehaltserhöhungen und weniger Kaufkraft und Kauflust.

Dazu kamen Unsicherheitsfaktoren wie der Klimawandel, dem die Politik nicht konsequent mit Förderprogrammen begegnete, die das Problem lösen helfen und die Wirtschaft ankurbeln könnten, und die Digitalisierung, bei der Europa, mangels geeigneter Bildungs- und wirtschaftsrechtlicher Rahmenprogramme gegenüber Amerika und Asien verlor. Mit einem Wort:

Anfang 2020, als wir alle das Wort Corona-Virus zum ersten Mal hörten, passte alles noch einigermaßen, doch es sah für das kommende Jahr und die Jahre danach nicht besonders gut aus.

Und dann kam das Virus und es wurde finster.

Nichts bleibt, wie es war

Tourismus, Handel, Gastronomie, Veranstaltungen, Immobilien und Industrie: Wie hart wird
es für die Realwirtschaft?

Der erste Lockdown kam mit dem Zusammenbruch der Lieferketten, drohenden Versorgungs-
engpässen und einer Europäischen Union, die
ihre Schwächen offenbarte. Denn unter dem
Druck der Pandemie blieb von ihr wenig übrig.
Das Schengener Abkommen zur Abschaffung der
stationären Grenzkontrollen an den Binnengren-
zen war Makulatur. Die Grenzen waren geschlos-
sen. Selbst die Lieferung von Hilfsgütern nach
Italien war schwierig und die Länder sprachen
sich auch nach den Lockdowns des Frühjahres
noch wechselseitig Einreiseverbote aus.

Vor allem Tourismus, Gastronomie, Veranstaltungsbranche, Handel und die Zulieferbetriebe
dieser Branchen hatten damit europaweit unversehens viel drängendere Probleme als Handelsstreit oder Brexit. Doch die Mitgliedsländer
kämpften jedes für sich mit den wirtschaftlichen
Auswirkungen der Pandemie, gingen bei den

Wirtschaftshilfen eigene Wege, und waren dabei in dem großen Durcheinander teilweise auch noch langsam. Man kann ihnen zugute halten, dass kein Land Erfahrungen in der Bewältigung derartiger Krisen hatte, doch in Österreich zum Beispiel warteten Unternehmen teilweise am Jahresende, während des dritten bundesweiten Lockdowns, noch immer auf die Staatshilfen, die ihnen die Regierung während des ersten Lockdowns versprochen hatte.

Dabei wäre Eile geboten gewesen, denn die Situation war schockierend. Um es anhand der Arbeitslosenquote zu dokumentieren: Sie lag in Österreich ähnlich wie in vielen anderen Ländern bei zehn Prozent oder 450.000 Menschen, die Mitarbeiter in der staatlich subventionierten sogenannten Kurzarbeit noch gar nicht mitgerechnet.

Stresstest für Fortgeschrittene

Jetzt, in den ersten Wochen des Jahres 2021, gibt es dank der rasch entwickelten Corona-Impfstoffe und des näher rückenden Frühjahrs Aussichten auf ein Ende der Pandemie oder zumindest auf ein Ende staatlicher Maßnahmen dagegen, die zehntausenden Unternehmen ihre Geschäftsgrundlage entziehen oder sie stark beschränken. Aber:

Eine Hoffnung auf ein Ende der Arbeitslosigkeit gibt es nicht. Es droht vielmehr eine zweite Welle der Arbeitslosigkeit, die an Wucht nicht zu unterschätzen ist.

Denn es geht diesmal nicht um Mitarbeiter, die direkt oder indirekt von den Corona-Beschränkungen beeinträchtigte Unternehmen teils nur vorübergehend freisetzen müssen. Die Corona-Krise verstärkt und beschleunigt auch Entwicklungen wie die Digitalisierung, die sich schon zuvor abgezeichnet haben und die ebenfalls relevant für das Überleben und die Größe zehntausender Unternehmen sind.

Die Wirtschaft befindet sich dadurch unversehens mitten in einem umfassenden Veränderungsprozess, wie es ihn in diesem Ausmaß und mit diesem Tempo in der Geschichte selten gegeben hat. In seinem vollen Ausmaß wird er erst sichtbar werden, wenn das Ende der direkten Bedrohung durch die Pandemie den Blick darauf freigibt, doch begonnen hat er längst.

Für die Unternehmen bedeutet dieser Prozess zum einen Chancen. Sie können sich jetzt mit geeigneten Strategien zu Teilnehmern an der neuen Wirtschaft machen. Doch es bedeutet für sie auch einen enormen Stresstest, den viele nicht oder zumindest nicht in alter Größe bestehen werden.

Kein Stein wird auf dem anderen bleiben und die Veränderungen werden nicht nur die Unternehmen herausfordern, sondern uns allen als Arbeitnehmern, Konsumenten und Privatpersonen neue Strategien und Arbeits- und Lebensentwürfe abverlangen, wenn wir zu den Gewinnern gehören wollen.

Aber der Reihe nach.

Vertreibung der Zombies

Die erste Welle der Arbeitslosigkeit (samt Kurzarbeit) traf uns mit der beruhigenden Nachricht, dass viele Betroffene wieder in ihre Jobs zurückkehren können, sobald Europa die Pandemie einigermaßen unter Kontrolle haben würde und Tourismus, Gastronomie, Event-Veranstalter und Handel wieder ihren Vollbetrieb aufnehmen könnten.

Ich kenne einen Wiener, der seit mehreren Jahren in einem stark von Touristen besuchten Restaurant zwischen Schweden- und Stephansplatz als Oberkellner arbeitet. Die Betreiber schickten ihn während des ersten österreichischen Lockdowns in Kurzarbeit, dann entließen sie ihn mit einer Wiederaufnahmegarantie bei der erwarteten Rückkehr zur Normalität. Das bedeutete für ihn damals eine Pause und Einschränkungen, aber kein Drama. Er musste sich nicht als Teil einer Masse von Arbeitslosen fühlen, deren Lebensplanung auf einmal hinfällig geworden war und für die keine neuen Jobs in Sicht waren. Er musste bloß warten.

Für die zweite Welle gibt es diese Perspektive nicht mehr. Denn zunächst geht es jetzt um Männer und Frauen, die ihre Jobs mit dem endgültigen Zusammenbruch jener Firmen verlieren, die sich mit Staatshilfen über das Corona-Jahr 2020 retteten und die keinen Boden mehr unter den Füßen vorfinden, wenn diese Hilfen wegfallen.

Hier wird es einen Tsunami-Effekt geben. Die Arbeitslosigkeit war in den letzten Monaten des Jahres 2020 sogar leicht rückläufig, doch spätestens mit dem Ende der Hilfszahlungen wird sie zu neuer Wucht anwachsen.

Es spricht für sich, dass die Corona-Krise noch gar nicht in den Insolvenzstatistiken angekommen ist. Statt zu steigen oder wie 2019 zumindest weitgehend stabil zu bleiben, ist die Zahl der Insolvenzen dank der Flutung der Wirtschaft mit Hilfsgeldern zwischen März und Dezember 2020 sogar gesunken, und das teilweise im Bereich von dreißig Prozent und mehr.

Das bedeutet, dass jetzt Zombie-Unternehmen durchs Wirtschaftssystem geistern. Ein Bäcker zum Beispiel, der schlecht gewirtschaftet hat oder nicht innovativ genug war, um gegen die neue Filiale einer Bäckereikette gleich gegenüber zu bestehen, konnte dank der Wirtschaftshilfen weiterleben und vergleichsweise entspannt seine Zukunft neu planen. Der Wegfall solcher Firmen mag für das System gesund sein, doch für die Mitarbeiter, die vielleicht bis zuletzt auf eine Fortsetzung ihrer Arbeitsverhältnisse gehofft haben, macht das die Sache nicht leichter.

Dazu kommen mit der zweiten Welle nach und nach Arbeitslose aus Unternehmen wie Tourismusbetrieben, die vergeblich auf die Rückkehr der für sie zuletzt guten Nachfrage hoffen werden, aus Einzelhandelsunternehmen, deren Geschäftsmodell der durch die Corona-Krise bedingte Boom des Online-Handels unterwandert hat und aus Unternehmen vieler anderer Branchen, die zu spät erkannt haben, dass es das Alte so nicht mehr geben wird oder deren Geschäftsmodell sich für das Neue einfach nicht eignet.

Unterschätzte Welle

Das heißt, die zweite Welle der Arbeitslosigkeit bezieht ihre Energie nicht mehr aus radikalen, aber provisorischen staatlichen Maßnahmen, sondern aus der ersten echten durch die Corona-Krise bedingten Insolvenzwelle. Wann und wie stark diese Welle anbrandet, das haben die Länder zum Teil selbst in der Hand, je nachdem, ob sie ihre Hilfszahlungen abrupt einstellen oder allmählich auslaufen lassen.

Die coronabedingte Insolvenzwelle wird bei Betrachtung aller relevanten Rahmenbedingungen keinen Crash der Realwirtschaft verursachen und rechtfertigt keine der dystopischen Visionen, die jetzt durch diverse Online-Foren geistern, und keinen Alarmismus. So viel sei vorausgeschickt. Es scheint aber so zu sein, dass vor allem Politiker das Ausmaß dieser Welle in bestimmten Branchen noch bei weitem unterschätzen, verdrängen oder aus Angst vor der schlechten Nachricht einfach verschweigen.

Das Ende des Business-Trolleys

Verdrängen ist für die Politik auch deshalb eine naheliegende Option, weil es ihr vielfach an einer Vision für das Neue und dessen Vor- und Nachteile fehlt. Was sie zu einer ebenso sturen wie blinden Hoffnung auf die Rückkehr des Alten zwingt. Faktum ist aber, dass es sich mit dem Alten ähnlich verhält wie mit dem Schnee des Winters 2020 und jedes anderen Winters zuvor. Es gibt Höhenlagen, in denen er sich etwas länger hält, aber selbst die Gletscher sind nicht mehr ewig.

Die Wirtschaft war als komplexes System schon immer Veränderungen unterworfen. Das muss auch so sein, damit sie ihrer Rolle als vielleicht wichtigste Grundlage einer sich ebenfalls ständig verändernden und weiterentwickelnden Gesellschaft, auch einer demokratischen und sozialen, nachkommen kann.

Deshalb lassen sich auch die kommenden Veränderungen, die zum Teil als wirtschaftliche Folgen der Corona-Krise kommen und in Wirklichkeit langsamer und später in jedem Fall gekommen wären, bis zu einem gewissen Grad als natürliche und sogar gesunde Bereinigungs- und Erneuerungs-Prozesse sehen. Es wäre freilich zynisch, die schweren Schicksale, die Veränderungen in dem uns bevorstehenden Tempo zwangsläufig mit sich bringen, zu ignorieren oder kleinzureden.

Das wird auch gar nicht mehr lange gelingen. Denn diese Veränderungen sind schon überall sichtbar und viele Menschen nehmen sie wahr, ohne sich dabei ihrer volkswirtschaftlichen Dimensionen bewusst zu sein. Besonders dramatisch werden ihre Schattenseiten den Tourismus betreffen.

Ich lebe und arbeite in Wien. Hier konnte ich schon während den Lockdowns im Jänner 2021, wie viele andere Menschen auch, erkennen, dass diese Stadt hinter den Kulissen ihrer heruntergelassenen Rollläden, dunklen Cafés und verwaisten Veranstaltungshallen eine andere geworden ist. Zum Beispiel wurde allmählich immer klarer erkennbar, dass der Tourismus in seiner alten Form nicht mehr zurückkehren würde.

Das hat zum Teil mit einem Bewusstseinswandel zu tun, konkret mit einer neuen Beurteilung vertrauter Formen der Kommunikation innerhalb von Branchen. Dabei spielten spätestens seit dem Jahr 1814, dem Beginn des »Wiener Kongresses«, der nach der Niederlage Napoleon Bonapartes in den Koalitionskriegen Europa neu ordnete, Kongresse eine Rolle, und es sah so aus, als würde das auch immer so sein. Besonders Wien lebte viele Jahre lang gut vom Kongresstourismus.

Ihn wird es zweifellos auch in Zukunft noch geben. Doch die Corona-Krise hat gezeigt, was an Kommunikation innerhalb von Branchen in digitaler Form alles möglich ist. Kongresse und auch Messen fanden online statt, und wer bedenkt, dass sie binnen weniger Wochen in dieser Form neu erfunden wurden, kann einschätzen, was in diesem Bereich in zwei oder drei Jahren und mit der Weiterentwicklung der Virtuellen Realität möglich sein wird.

Wer braucht in Zukunft noch so viele analoge Kongresse, jetzt, wo alle gesehen haben, dass es auch anders geht? Dass sich vielleicht nicht die gleichen, aber vergleichbare und vielleicht sogar interessantere Effekte mit digitalen Varianten erzielen lassen? Dass sich mit ihnen in einer Wirtschaft, in der alles, was Bestand haben will, immer effizienter werden muss, eine Menge Zeit und Ressourcen sparen lassen? Dass sich damit auch ein Beitrag zur Nachhaltigkeit und für das Klima leisten lässt, weil weniger Flugreisen anfallen?

Wir steuern auf eine Zeit zu, in der es alt-modisch und vielleicht sogar peinlich ist, mit Business-Trolley zu Kongressen und zu Businessterminen fast jeder Art zu jetten, statt mit perfektem Hintergrundbild und gut ein-studierten neuen Kommunikationstechniken Geschäftliches bei Zoom-Meetings zu regeln.

Die *Telekom Austria*, Österreichs Telekom-Markt-führer, wies ihre Mitarbeiter schon 2018, als viele über das Klima und längst noch niemand über eine Pandemie redete, an: Schluss mit Reisen. Meetings bitte online. Wir buchen Flüge nur noch, wenn es wirklich nicht anders geht. Das Beispiel wird Schule machen, jetzt erst recht, und es wird gut für die Effizienz und das Klima sein, aber schlecht für Wien und viele andere Kongress- und Messestädte.

Krisenfaktor Terrasse

Auch der Freizeit-Tourismus wird kurz-, mittel- und längerfristig stärker leiden, als es Anfang des Jahres 2021 im Raum stand. Mit dem wirtschaftlichen Erstarken Osteuropas sowie vormaliger Schwellen- und Entwicklungsländer und dem enormen Preiskampf unter den Fluglinien gewann er in den vergangenen Jahrzehnten fast unaufhörlich dazu und erlebte bis vor der Corona-Krise einen regelrechten Boom. Dieser Boom verlangte nach jeder Menge neuen Hotels, Seilbahnen, Schiffen und alle möglichen Freizeitangeboten.

Der Vergleich zwischen dem im Westen Österreichs gelegenen Ischgl vor zwanzig Jahren und Ischgl heute macht das deutlich. Der Wintersportort im Paznaun, der mit modernen Liften und Seilbahnen Zugang zu den Pisten der großen Silvretta Arena bietet, wurde vom einstigen Bergbauerndorf zu einem Ballermann der Alpen, der selbst abgestumpften Urlaubskonsumenten noch eine gewisse Freizeiteuphorie zu entlocken vermochte.

Infrastruktur dieser Art mussten Ischgl und alle anderen Destinationen des Freizeit-Tourismus aber erst finanzieren. Wenn die Wachstumskurve einknickt, werden die in diesem hitzigen Markt oft schon auf unaufhörlich steigende Umsätze angelegten Kredite aus dem laufenden Betrieb nicht mehr bedienbar sein. Dann kracht es relativ rasch, und zwar an vielen Stellen gleichzeitig. Dann versinken tausende Finanzierungsgebäude im Sand der verwaisten Strände oder im Schnee, der dann vielleicht gar nicht mehr liegt, weil keiner mehr das Geld hat, die Schneekanonen anzuwerfen.

Bisher rechtfertigte der Tourismusboom diesen Stil der Investitionen in vielen Fällen. Der

Boom war so stark, dass in der Hotellerie nicht einmal die ebenfalls explosiv erstarkende Konkurrenz durch den Online-Anbieter *Airbnb* ins Gewicht fiel. Doch viele Tourismusbetriebe arbeiteten deshalb schon während des Booms ohne oder sogar mit negativem Eigenkapital am Anschlag. Sie lebten gewissermaßen den Traum vom grenzenlosen Wachstum, aus dem sie schon die leiseste Trübung der internationalen Reiselust wecken hätte können. Ganz zu schweigen von den vielen Tourismusbetrieben, die in den vergangenen Jahren keinen Zugang zu Krediten hatten, sich die nötigen Investitionen nicht leisten konnten und sich dank des Booms trotzdem noch irgendwie am Leben erhielten.

Dann kam die Corona-Krise, und wenn sie jemanden wirklich hart erwischte, dann waren das die Tourismus-Betriebe. Weil das offensichtlich war, handelten die Staaten bei ihren Hilfszahlungen an sie besonders konsequent. Das ermöglichte es den Betrieben, die Zeit der Schließungen zu überstehen, doch wenn sie jetzt darauf setzen, dass der Boom mit aller Kraft zurückkehrt und sie weitermachen können, als wäre nichts geschehen, werden sie eine Enttäuschung erleben.

Die Welt vor Corona ist im Freizeittourismus
noch viel eindeutiger Geschichte, als in so gut
wie allen anderen Branchen.

Zum einen hat das mit dem zu erwartenden weiteren Verlauf des pandemischen Geschehens zu tun. Zwar sind Impfstoffe am Markt, die hoffentlich das Hauptproblem der drohenden Überfüllung von Intensivstationen lösen werden, doch bis sie eine Normalität im Umgang miteinander bringen werden, können je nach befragten Epidemiologen und Krisenpsychologen Jahre vergehen.

Ich befürworte die Impfung und werde mich selbst und meinen Sohn so bald wie möglich impfen lassen. Doch nicht alle denken so und der Sommer wird Druck aus dem Problem nehmen. Nur alte Menschen und andere Risikogruppen werden sich aus Überlebenstrieb im großen Stil impfen lassen. Viele werden angesichts mangelnden Wissens über Spätfolgen abwarten. Dazu kommen die Gruppen, die sich gar nicht impfen lassen sollten, Medikamenten-Allergiker zum Beispiel. Ich kenne eine Pharmazeutin, die in der Pharma-Industrie mit dieser

Gruppe befasst ist und ich weiß, dass sie ziemlich groß ist.

Damit bleibt eine latente Verunsicherung in der Gesellschaft und ein dementsprechendes Verhalten im Urlaub. Ich bin weder Epidemiologe noch Krisenpsychologe, aber ich wage die Prognose, dass es für weite Teile des Tourismus und der von ihm abhängigen Wirtschaftszweige zu lange dauern wird, bis ein nennenswerter Teil der Gesellschaft geimpft oder die Bedrohung durch das Virus aus anderen Gründen aus der Atemluft und aus den Köpfen verschwunden sein wird.

Selbst Geimpfte werden das Thema Urlaub anders bewerten als bisher. Ich habe meine Sommer in den vergangenen Jahren jeweils mit meiner Familie in Spanien verbracht. Ich weiß nicht, ob ich auch heuer wieder dorthin fliegen werde, auch wenn ich zu diesem Zeitpunkt nach menschlichem Ermessen geimpft sein werde. Die Situation ist für mich einfach zu schwer einschätzbar.

Wovor schützt mich die Impfung und wie sehr? Was erwartet mich vor Ort? Ein verhaltener Tourismus mit allen möglichen Restriktionen und womöglich überraschend verhängte An- und Rückreisebeschränkungen? Da bleibe ich lieber daheim. Auf meiner Terrasse habe ich mein Leben bei solchen Rahmenbedingungen am besten unter Kontrolle, und so schlecht ist es dort auch nicht.

Am stärksten betroffen von der Abschwächung des Tourismus-Booms werden Länder wie Österreich oder das deutsche Bundesland Bayern sein, und natürlich südliche traditionelle europäische Sommerfrische-Ziele wie Italien, Kroatien und Griechenland. Besonders hier wird eine sogenannte Bereinigung unter den Tourismus-Betrieben stattfinden, und sie wird enorm ausfallen.

Ich halte es für denkbar, dass bis zu dreißig Prozent der Tourismusbetriebe wegfallen werden und die Verbleibenden gezwungenermaßen ihre Kapazitäten einschränken werden müssen.

Das bedeutet, dass fast jeder dritte Tourismus-Betrieb verschwinden könnte und dass auch die verbleibenden Betriebe Arbeitslose produzieren werden. Für diese europaweit Millionen Menschen werden die Perspektiven besonders schwierig sein, wenn sie nicht flexibel sind und bereit, sich andere berufliche Betätigungsfelder zu erschließen.

Es wird sowohl große Tourismus-Konzerne als auch mittlere und kleine Unternehmen treffen. Auf den ersten Blick wäre erwartbar, dass große Konzerne eher aufgeben, weil es bei ihnen rein menschlich gesehen um weniger geht und sie sich leichter tun, Tochterfirmen oder einzelne Häuser und Niederlassungen zu schließen. Sie tun sich auch beim Freisetzen von Personal leichter als Familienbetriebe.

Bei großen Konzernen sagt einfach irgendjemand in irgendeinem Home-Office, 25 Prozent der Personalkosten müssen weg, und die dahinterstehenden Schicksale spielen keine Rolle. Familienbetriebe hingegen kämpfen mangels anderer wirtschaftlicher Perspektiven und aus Loyalität gegenüber ihren Mitarbeitern oft härter um ihr Überleben. Doch die viel schwierigeren Finanzierungsbedingungen für Familienbetriebe könnten diesen Vorteil wieder ausradieren.

Genau wie am Beispiel einer Auto-Produktion bereits gezeigt, werden auch hier eine Reihe angeschlossener Wirtschaftszweige betroffen sein. Was tut ein Fleischer in einem Touristenort, dessen Hauptkunden die Hotelküchen und Gasthäuser sind, wenn die keine Gäste mehr haben, denen sie sein Wiener Schnitzel, sein Porterhouse-Steak oder seine Hühnerbrust servieren können? Die paar Menschen, die in solchen Orten auch außerhalb der Saison leben, können sie jedenfalls nicht ersetzen, auch wenn er sich und sein Marketing noch so sehr verbessert. Wird es reichen, wenn er schrumpft? Oder hört er besser ganz auf?

Flugzeuge zu verkaufen

Die neben den Tourismus-Betrieben am härtesten vom Abflauen des Reisebooms betroffene Branche ist klarerweise die Luftfahrtindustrie mit den Fluglinien, den Flughäfen und allem, was daran hängt. Auch für sie wird das Drama keineswegs mit den Lockdowns und Reisebeschränkungen enden. Auch die Fluglinien haben trotz der gestiegenen Nachfrage wegen des brutalen Konkurrenzkampfes in wirtschaftlich angespannten Verhältnissen gelebt, und hätten schon mit viel geringerem Gegenwind als dem durch die Corona-Krise verursachten schwer zu kämpfen.

Ich gehe davon aus, dass ein großer Teil
der enormen Hilfszahlungen europäischer
Länder an Fluglinien zu einem nennenswerten
Teil verloren ist. Viele Fluglinien werden am
Boden bleiben und ihre Konkursverwalter
werden sich schwertun, wenigstens ihre
Maschinen loszuwerden.

Womit eine Branche ins Spiel kommt, deren Auftragsbücher vor der Corona-Krise teilweise sogar
auf Jahrzehnte gefüllt waren, und die jetzt die
Welt nicht mehr versteht. Die Flugzeugbauer und
ihre Zulieferer werden ihre Zukunft neu planen
müssen, und das ebenfalls mit sehr viel weniger
Mitarbeitern.

Die neue Bescheidenheit

Die weiter bestehenden Berührungsängste und
eine Art posttraumatische Corona-Störung der
Gesellschaft werden nicht die einzigen Faktoren
sein, die dem Tourismus zusetzen. Noch stärker und vor allem nachhaltiger könnte er unter
einem Phänomen leiden, das den gesamten Be-

reich des Konsums, also etwa auch den Einzelhandel, betreffen wird.

Besonders gut war dieses Phänomen in Österreich in der Vorweihnachtszeit des Jahres 2020 zu beobachten. Es war die wichtigste Einkaufszeit im Jahr und die Österreicher wussten, dass sie ab dem 24. Dezember wegen eines bevorstehenden neuerlichen harten Lockdowns drei Wochen lang gar nicht mehr einkaufen können würden.

Theoretisch hätten sie also die Geschäfte stürmen müssen wie nie zuvor. Doch das Gegenteil war der Fall. In Wiens wichtigster Einkaufsmeile, der Mariahilfer Straße, in der sonst um diese Jahreszeit dichtes Gedränge herrscht, fuhren auch in der Vorweihnachtszeit noch die Radfahrer relativ unbehelligt auf und ab.

Das ließe sich so interpretieren, dass die gesamte Konsumbereitschaft unter dem pandemischen Geschehen litt, doch das wäre nur die halbe Wahrheit. Die zweite Hälfte besteht aus den Wirtschaftsprognosen, die viele Menschen jetzt für sich selbst erstellen und denen sie instinktiv folgen. Anders ausgedrückt: Sie haben Existenzangst. Sie haben Angst um ihre Jobs, um ihr Geld und um ihre Altersvorsorge.

Ein eindeutiger Hinweis darauf ist die Sparquote. Sie ist explodiert. Und das bei einem Zinsumfeld, bei dem von einem Wertzuwachs des Ersparten keine Rede mehr sein kann. Bei vielen traditionellen Sparformen wird das für schlechte Zeiten weggelegte Geld sogar immer weniger wert.

Beim Konsum lässt sich leichter sparen als bei der Miete oder bei den laufenden Kosten eines Autos, das vielleicht für den Weg zur Arbeit oder um die Kinder zur Schule zu bringen nötig ist.

Deshalb kaufen Konsumenten im Zweifelsfall keinen Fernseher mehr, auch wenn ihrer schon einige Jahre alt ist, und auch dann nicht, wenn der Elektrohandel den gleichen Fernseher, der eben noch 2.000 Euro gekostet hat, um 1.100 Euro anbietet.

Das ist hart für den Handel, doch hier könnte er, wie auch der Tourismus, immerhin hoffen, dass die Konsumlaune irgendwann wieder anspringt. Irgendwann, könnte er denken, werden die Menschen Corona abhaken, und wenn die Staaten jetzt die richtigen Maßnahmen setzen, wird die Erneuerung der Wirtschaft irgendwann geschafft sein und die Zuversicht zurückkommen. Dann werden die Menschen konsumieren wie eh und je.

Aber wird das wirklich passieren? Oder haben wir uns zu sehr an das gewöhnt, womit wir während der Lockdowns das Auslangen gefunden haben?

Am Ende wird die Corona-Ausnahmesituation mit ihren neuen Konsum-Regeln ein Jahr oder noch länger gedauert haben. Das ist eine Zeit, in der sich Menschen verändern können. In der sie neue Gewohnheiten dauerhaft annehmen können, vor allem wenn sie sich über den aktuellen Anlass hinaus als nützlich erweisen.

Die von der Corona-Krise neu geprägte Einstellung zum Konsum ist ein komplexes Thema mit psychologischen Implikationen und vielen möglichen Auswirkungen auf die Wirtschaft. Interessant zum Beispiel wird sein, ob sich mit der nun eingeübten Kaufzurückhaltung neben dem Angstsparen auch eine vielfach erwartete neue Bescheidenheit durchsetzt.

Um zum Beispiel Fernseher zurückzukehren: Bisher übte die Entwicklung neuer Gerätegenerationen eine Art »Haben müssen«-Druck aus. Was sich inzwischen geändert haben dürfte. Viele Menschen, auch die, die sich ein neues Gerät angstfrei leisten könnten, fragen sich: Brauche ich wirklich zehn Zentimeter Diagonale mehr? Verbessert das wirklich mein Leben? Ich glaube nicht.

Gerade unter jungen Menschen ist das Thema »Haben« gegenüber dem Thema »Sein« und damit auch das Thema »Kaufen« gegenüber Themen wie »Mieten«, »Borgen«, »Upcycling« oder »Verzichten« seit längerem einem Bedeutungswandel unterworfen.

Viele vor allem gebildete junge Menschen fahren lieber mit öffentlichen Verkehrsmitteln und sind Mitglieder bei Carsharing-Plattformen, als sich ein Auto mit dem ganzen Aufwand für Reifenwechsel, Service, Reparatur oder Überprüfungs-Termine anzutun.

Oder sie machen überhaupt keinen Führerschein mehr, fahren *Uber* oder e-Scooter und freuen sich auf die neuen Mobilitätskonzepte großer Autokonzerne, die auch schon von einem Ende des Privatautos ausgehen. Ein selbstfahrendes Auto, das sich per Handy mit bereits voreingestellten Sitzen, der vorgewählten Innenraumtemperatur und den gewünschten Songs in der Musikanlage vor die Haustür bestellen lässt, entspricht eher den Vorstellungen der neuen Generationen von Fortbewegung.

Auch diesen Trend vom »Haben« zum »Sein« könnte die Corona-Krise beflügelt haben. So etwa war zu beobachten, dass in den Jahren zuvor eine ganze Reihe von Verlagen das Bedürfnis nach Entrümpelung des Lebens in materieller Hinsicht vorausahnten und teils erstaunlich erfolgreiche Bücher dazu publizierten. Im Kern handelten sie davon, wie man überflüssiges Zeug loswird und warum das gut ist.

Während der Corona-Krise taten es dann viele Menschen wirklich: Sie entrümpelten ihr Leben, und zwar in einem Ausmaß, das die städtischen Infrastrukturen teilweise regelrecht überforderte.

Das war zweifellos teilweise dem erhöhten Platzbedarf der daheim Eingesperrten geschuldet. Wir könnten aber auch sagen, dass sich eine

Konsumgesellschaft von der Last der Dinge befreite, die sie sich irgendwann ohne viel Reflexion und ohne echten Bedarf von der Konsum-Industrie einreden ließ und die sie erst jetzt als überflüssig erkannte. Und wir könnten annehmen, dass sie sich an eine neue erfrischende Leere gewöhnt hat, die sie nach der Corona-Krise nicht mit neuem, letztlich überflüssigem Zeug füllen will.

Ich habe selbst entrümpelt. Bei mir hatte das zum Teil mit einer Übersiedlung im Jahr 2020 zu tun. Doch ich erinnere mich noch gut an das Gefühl, das ich bei der Betrachtung jedes einzelnen Gegenstandes hatte. Und an die ja grundvernünftige Frage, die ich mir jeweils genau wie so viele andere Menschen während der Corona-Krise im Zusammenhang mit Konsumgütern stellte. Es ist eine Frage, die leise auftaucht und die bloß aus vier Worten besteht, die unser Wirtschaftssystem aber trotzdem grundlegend verändern könnte:

Brauche ich das wirklich?

Wenn sich der Trend zu einer neuen Bescheidenheit als nachhaltig erweist, ist er jedenfalls zwiespältig. Der Verzicht auf überflüssigen Konsum hat im Kampf gegen den Klimawandel, gegen die sinnlose Ausbeutung der Ressourcen dieses Planeten und gegen die Vermüllung der Meere einen hohen Stellenwert. Doch konsumfördernd im Sinne des Handels ist er nicht.

Lebensplan Sofa

Womöglich geht es hier auch um mehr als einen Trend. Womöglich geht es um eine neue Mentalität, die sich in weiten Bevölkerungsgruppen etabliert und die mehr Aspekte hat, als die Lust an der Leere.

In den USA etwa ist vor allem von Biologen immer häufiger die These zu hören, dass, so wie der Zustand einer Wohnung ein Abbild der Seele ihrer Bewohner, der Zustand des Planeten ein Abbild der Seele der Menschheit ist. Demnach sollten wir zwar jeden Tag versuchen, den Planeten durch unser »Wirken im Außen«, also durch politische Rahmenbedingungen oder etwa nachhaltigen Konsum, zu retten, gelingen wird das aber nur durch einen »inneren Wandel« zur Achtsamkeit.

Die neue Bescheidenheit und die neue Lust an der Leere ließen sich jedenfalls auch als Hinweise auf so einen Wandel deuten. So wunderbar das wäre, könnte es doch nicht nur für die Konsumindustrie, sondern auch für die Arbeitgeber eine schlechte Nachricht sein. Denn mit dieser neuen Mentalität scheint in großen Bevölkerungsteilen auch eine neue Unlust an Leistung einherzugehen. Zumindest scheint die Leistungsbereitschaft während der Corona-Krise teilweise gesunken zu sein.

Paradoxerweise taten sich mitten in der Phase der Freisetzung hunderttausender Arbeitskräfte Arbeitgeber manchmal schwer, Mitarbeiter, die ihnen wichtig waren zu halten, oder neue zu finden. »Ich habe den Eindruck, dass sich viele an das Sofa als neues Lebenskonzept gewöhnen und sich lieber mit ihren Ersparnissen, Erbschaften, kleinen Jobs und Sozialleistungen durchs Leben bringen, als sich für ein Unternehmen anzustrengen«, sagte ein Unternehmer zu mir. Er glaubte nicht, dass es dabei um Faulheit geht, sondern um das Hinterfragen von etwas, das wir bisher als naturgegeben betrachteten und das die Fundamente unseres Wirtschaftssystems bildet: dem Leistungsprinzip.

Mag sein, dass es uns auch wegen der jahrelangen Predigten über Dinge wie Work-Life-Balance abhanden zu kommen droht, oder dass ein Leben nach dem Leistungsprinzip wirklich an den eigentlich wichtigen Dingen vorbei führt. Doch wenn die Absage an dieses Prinzip tatsächlich Teil eines nachhaltigen Mentalitätswandels sein sollte, dann rettet er nicht nur den Planeten, sondern lässt auch von der Welt, wie wir sie kennen, wenig übrig. Wahrscheinlich droht ein finaler Crash unseres Wirtschaftssystems aus keiner Richtung so sehr wie aus dieser.

Wenn wir diese Welt behalten, weiterentwickeln und allmählich verbessern wollen, brauchen wir also wieder Leistungsanreize, und ich meine damit nicht besser bezahlte Überstunden. Wir brauchen Botschaften, die zu Leistung motivieren können. Sinngemäß könnten sie so lauten:

Bauen wir die Welt wieder auf.

Donald Trumps Versuch, die Old Economy wieder aufzubauen, war destruktiv und gruselig. Im Annehmen des Wandels dagegen und im Umgang damit liegt immer auch eine gewisse Faszination, ein Abenteuer und damit auch ein Leistungsanreiz, dem sich auch neue Generationen kaum verschließen können.

Sind doch gerade sie vor allem dann noch leistungsbereit, wenn die Dinge für sie stimmen. Gerade sie wollen sich auch nicht für viel Geld zu etwas zwingen lassen, das sie nicht erfüllt. Sie strengen sich nur noch für Dinge an, für die sie selbst von innen heraus brennen. Die Botschaft muss also lauten:

Bauen wir die Welt wieder auf, und bauen wir sie gleich so wieder auf, dass sie besser funktioniert als bisher. Machen wir sie ökologischer, digitaler und sozialer.

Schrumpfwachsende Wirtschaft

Vielleicht setzt sich auch eine Einsicht durch, die schon vor und besonders während der ersten Lockdowns dominierte: dass die Wirtschaft ungesund aufgebläht ist und dass es ihr selbst, dem Planeten und der Menschheit dient, wenn sie zu alter Übersichtlichkeit schrumpft. Eine Vision,

die den von der Komplexität unseres Wirtschaftssystems Überforderten ein Gefühl der Kontrolle
zurückgibt, und die auch in ökologischer Hinsicht einiges für sich hat.

Ein Teil dieser Vision ist gut und richtig. Wahrscheinlich wird uns die Corona-Krise in punkto
unseres ökologischen Fußabdruckes und einiger
Soft-Skills tatsächlich zunächst als bessere Menschen entlassen. Weil wir eben Lernerfahrungen
zu Themen wie Verzicht, Nachhaltigkeit, Kon-
sumverhalten, Gemeinschaft, Gesundheit und Sicherheit gesammelt haben. Weil auch dem kollek-
tiven Gedächtnis Dinge wieder entfallen können,
wäre es sogar eine wichtige politische Aufgabe,
sie im Sinne eines heilsamen Mentalitätswandels
dauerhaft in der Gesellschaft zu verankern.

Doch dass die Wirtschaft dafür schrumpfen
muss, womöglich zu ihren Dimensionen wie in
Zeiten, als noch die Bauern die Milch mit den
Pferdekarren in die Lebensmittelgeschäfte brach-
ten und es gar keine Fernseher oder gar Computer
und Handys gab, ist eine Fehleinschätzung. Denn
das jetzt mögliche Wachstum wäre besser für die
Menschheit und den Planeten als jedes Zurück in
die Vergangenheit.

Wir sehen das bloß nicht, weil die Flutung der Wirtschaft mit billigem Geld der *Europäischen Zentralbank* (*EZB*) in Europa und durch das *Federal Reserve System* (*Fed*) in den USA auch zum Stillstand der Wirtschaft oder zumindest zur Verlangsamung ihrer Entwicklung beiträgt. Wie würde diese Entwicklung aussehen?

Zum einen wäre es die Ökologisierung der Wirtschaft, die, wie zahlreiche Studien bewiesen haben, enormes Wachstumspotenzial hat. Zum anderen ist es die Digitalisierung, die Fabrikssschlote in Computerprogramme und Dienstreisen in Zoom-Calls verwandelt.

Außerdem stünde eine noch zügigere Globalisierung an, die auch so ein Schreckgespenst ist, das in Wirklichkeit der Menschheit und dem Planeten guttut. Der damit mittel- und langfristig zwangsläufig stattfindende globale Ausgleich zwischen Arm und Reich bringt wirtschaftliche, soziale und politische Stabilität, indem er zum Beispiel die Massenmigration, eine der künftigen großen Bedrohungen der sogenannten Wohlstandsländer, verhindert. In Wirklichkeit ist eine politisch vernünftig kanalisierte Globalisierung das größte Friedensprojekt der Menschheitsgeschichte.

Wenn die EU, die USA und Asien jetzt das
meiste richtig machen, könnten wir mittel-
fristig auf eine Phase der Sicherheit und
Gesundheit für uns und den Planeten zu-
gehen, in der die Wirtschaft nicht schrumpft,
sondern im Gegenteil weiter wächst.

Auch der Konsum müsste in diesem Wachstum keine Ausnahme bilden. Er wäre anders,
das schon, aber nicht unbedingt in der Quanti-
tät, sondern in der Qualität. Wir könnten und
würden uns trotzdem den Fernseher mit der
größeren Diagonale leisten, bloß würden wir
einen mit einem Gehäuse aus nachwachsen-
den Rohstoffen kaufen, schon weil der aus Plas-
tik genauso verboten wäre wie jetzt ungesunde
Lebensmittelzusatzstoffe.

Vorgezogene Ablöse

Aber bleiben wir bei den aktuellen Problemen
des Handels und kommen wir zu jenen, die schon
vor der Corona-Krise da waren und die das Virus
nur verstärkt hat. Einem dieser Probleme fehlt

die Perspektive, dass es sich früher oder später wieder von selbst beseitigen könnte, gänzlich. Es geht um die dank ständig geübter Praxis tiefe Erfahrung praktisch aller Bevölkerungsgruppen, wie einfach und angenehm Online-Kauf ist. Selbst Senioren haben das inzwischen erkannt und die Lust am Auspacken sich selbst gemachter Geschenke entdeckt. Kaum eine Produktgruppe ist davon noch ausgeschlossen, sogar die Adventkränze kamen 2020 vielfach per Lieferservice.

Ich habe selbst vor einigen Wochen ganz spezielle Dübel gebraucht, um etwas an einer Wand meiner Wohnung zu befestigen, und hatte keine Lust, in einen Baumarkt oder in ein Haushaltswarengeschäft zu fahren. Also suchte ich die Dübel während einem meiner Home-Office-Arbeitstage online und am nächsten Tag waren sie da. Ich hatte ein schlechtes Gewissen und war gleichzeitig fasziniert.

Wer sollte diese neue Routine in Zukunft wieder aufgeben und warum? Weil das gemein gegenüber dem niedergelassenen Handel ist? Würde dieses Argument funktionieren, wären viele Menschen noch immer in Pferdekutschen unterwegs, denn es war einst auch gemein gegenüber den Kutschenherstellern, auf Autos umzusteigen.

Es gibt wunderbare Versuche, für alle, die wie mich das schlechte Gewissen beim Online-Kauf plagt, alternative Plattformen zu entwickeln. Auch sie werden aber nur funktionieren, wenn sie *Amazon* und Co. ernsthaft etwas entgegenzusetzen haben, und das wird schwer sein. Regionalität könnte hier zu einem starken Argument werden, im Wettbewerb der Einkaufsformen und Einkaufsplattformen wird sich als Folge der Corona-Krise aber das Effizientere und vor allem das Kundenfreundlichere umso schneller durchsetzen.

Das Einkaufsverhalten wird nie mehr zur alten Normalität zurückkehren. Es wird sich vielmehr weiter in die schon vor und besonders während der Corona-Krise eingeschlagene digitale Richtung entwickeln.

Konsumenten werden nicht mehr darauf angewiesen sein (wollen), an Samstagen Einkaufs- oder Fachmarktzentren zu besuchen, um ihre während der Woche angelegten Einkaufslisten abzuarbeiten. Sie werden sich lieber beliefern lassen.

Die Sparsamen werden feststellen, dass sie online immer noch billigere und bessere Schuhe finden als beim nächsten Schuhdiskonter. Die Umweltbewussten werden sich darüber freuen, dass Lieferservices eine bessere Umweltbilanz haben als mit dem Auto in ein Outlet-Center dreißig Kilometer vor der Stadt zu fahren.

Diese neuen Konsumgewohnheiten werden das Straßenbild und das Stadtbild verändern, denn Innenstadt-Läden und Einkaufskonglomerate ohne Spaßfaktor wie Fachmarktzentren werden nach der Corona-Krise allmählich verschwinden. Mit allen Folgen für die Immobilienbranche, auf die ich in diesem Buch noch gesondert eingehen werde.

Niedergelassene Händler müssen spätestens jetzt zu Online-Händlern werden, wenn sie mittelfristig noch eine Chance haben wollen.

Sie müssen lernen, über die sozialen Medien Geschichten über sich und ihre Produkte zu erzählen, damit Reichweite aufzubauen und mit Hilfe von *Facebook*-, *Google*- oder *Youtube*-Ads und digitalem Performance-Marketing ihre Follower in ihre Webshops zu locken. Milliarden Euro seien in den vergangenen Jahren in diesem Bereich an Umsatz liegen geblieben, schreibt der Grazer Social Media-Experte Wolfgang Deutschmann in seinem Buch *Cashbook – Geld verdienen mit Facebook, Instagram und Co.* Jetzt ist es Zeit für den Handel, sich dieses Geld abzuholen, oder, wie Deutschmann meint: Wer jetzt auf Social Media-Marketing setzt, für den endet die Wirtschaftskrise, bevor sie richtig begonnen hat.

Um ihre analogen Shops überhaupt noch zu rechtfertigen, müssen Händler Einkaufserlebnisse schaffen. Wobei sie sich bewusst machen sollten, dass auch *Amazon* Schwächen hat. *Amazon Food* zum Beispiel hat nie richtig funktioniert, weil Lebensmittel, die wir riechen, schmecken und unserem Körper zuführen, besonders nach sinnlicher Wahrnehmung und damit nach Einkaufserlebnissen verlangen. Nicht zufällig sind Marktbesuche selbst bei Auslandsreisen Höhepunkte.

Besonders in Deutschland gibt es tolle Versuche mit Erlebnis-Supermärkten samt Gastronomie, mit modernen Marktplätzen also, bei denen Amazon mit seinen braunen Schachteln und dem schwarzen Logo darauf nicht mitkann. Derlei kombiniert mit *Click & Collect* (ich bestelle mein Straußensteak online und sehe zu, wie es Supermarkt-Mitarbeiter hinter der Theke in Scheiben schneiden), kann ein richtiger Weg sein.

Das schafft Kundenbindung, und wenn der Online-Shop des Supermarktes auch noch professionell gemacht ist, die Betreiber wissen, wie sie in den sozialen Medien Präsenz und Sympathiewerte erzielen und diverse andere Kundenbindungsinstrumente funktionieren, werden Kunden in diesen Webshops Getränkegebinde und Haltbares wie Mehl, Kaffee oder Schokolade gerne gleich mit Lieferservice bestellen. Die Kunden von Händlern, die das alles ignorieren, werden sich bald fragen, warum sie noch zu ihnen kommen sollen.

Ich gehe davon aus, dass die Corona-Krise bei der Digitalisierung des Handels Entwicklungen vorweggenommen hat, die sonst zehn Jahre oder länger gedauert hätten, und dass in den kommenden zehn Jahren mindestens ein Viertel der klassischen Handelsflächen verschwinden werden.

Vielen Händlern wird es an Ideen, digitalem Verständnis und Startkapital für ihren digitalen Auftritt oder ihre Erlebniswelt fehlen. Höchstwahrscheinlich wird es ihnen auch an politischer Unterstützung fehlen, die in diesem Bereich ebenso wichtig wäre wie die Staatshilfen während der Lockdowns.

Gemeinsam gegen Amazon

Mit politischer Unterstützung sind hier zum einen Fortbildungs-, Finanzierungs- und geeignete Deregulierungsprogramme gemeint, die das in der digitalen Wirtschaft erfolgsversprechende dynamische *Trial & Error*-Verfahren ermöglichen.

Wobei hier das Bildungssystem oft zu Unrecht als Hauptschuldiger genannt wird. Denn die amerikanischen Bildungssysteme sind eindeutig schlechter als die europäischen, und trotzdem bringt Amerika laufend sogenannte Unicorns hervor, also digitale Unternehmen mit einem Börsenwert von mehr als einer Milliarde Dollar, während Europa praktisch keine hat.

China hat mit *Alibaba* sein eigenes *Amazon,* Europa nicht.

Europa braucht deshalb vor allem so etwas wie eine Entziehungskur von der typisch europäischen Sucht nach Sicherheit sowie ein Heranziehen von Initiative. Es geht darum, auch auf dem alten Kontinent junge Menschen mit einem Selbstbewusstsein auszustatten, das sie sagen lässt: Ich habe eine Idee, und mit zwei oder drei Freunden probiere ich sie jetzt aus.

Die Amerikaner tun sich damit leichter, weil sie das schon seit dem vorigen Jahrhundert leben und im Grunde ihre ganze weltweit dominante Wirtschaft auf diesem Denken beruht. Sie haben es in den Genen. Doch Förderprogramme sind möglich, und wenn einmal ein Cluster entstanden ist, dann wächst er auch. Die europäischen Beispiele Berlin oder auch Cambridge mit seiner altehrwürdig aussehenden, aber durch und durch modernen Universität zeigen das. Erfolg zieht gerade in der digitalen Wirtschaft noch mehr Erfolg an.

Doch mit politischer Unterstützung der europäischen Wirtschaft im Konkurrenzkampf mit den amerikanischen »Big Five« *Amazon, Apple, Facebook, Google* und *Microsoft* ist hier auch eine klare Positionierung der EU und aller ihrer Mitgliedsländer gegenüber den digitalen amerikanischen Konzernen gemeint.

Bei *Amazon* und Co. geht es nicht mehr um freien Wettbewerb, sondern um Quasi-Monopole, die Umsätze und Wertschöpfung aus europäischen Ländern absaugen, keine Steuern bezahlen, steuerzahlende Firmen zerstören und europäische Sozialgesetze im Bereich des Arbeitnehmerschutzes vorsätzlich und systematisch unterwandern. Und die schon aufgrund ihrer Datensammlungen immer mächtiger werden, weil sie damit mehr über uns wissen als wir selbst.

Wozu wäre Politik zuständig, wenn nicht dafür, solche Entwicklungen in die richtigen Bahnen zu lenken?

Die Politik muss Amazon und Co. zwingen, in Europa Steuern zu zahlen, sonst wird die Digitalisierung des Konsums zum größten aller europäischen wirtschaftlichen und sozialen Probleme.

Europäische Selbstfesselung

Dummerweise stehen die Chancen dafür schlecht. Denn zuständig wäre die EU, womit wir wieder bei ihrer im Grunde wunderbaren Verfassung sind, die aber auch evidente Nachteile hat. Europa blockiert sich mit dem Zwang zur Einstimmigkeit selbst.

Es reicht bei jedem Vorhaben immer eine einzige Gegenstimme und *Amazon* und die anderen »Big Five« können weiter tun und lassen, was sie wollen. Sie werden immer ein Land finden, das genug von ihnen profitiert, um sich gegen die Interessen der anderen Mitgliedstaaten zu stellen. Irland zum Beispiel profitiert durch die dort ansässigen Europa-Zentralen von *Amazon* oder etwa *Apple,* und wird sich hüten, mit dem Rest der EU gegen die beiden vorzugehen. Wie sollte die irische Regierung ihren Wählern den Einnahmenausfall erklären?

Selbst, wenn sich alle Mitgliedstaaten einigen könnten, *Amazon* zu besteuern, wie sie ganz selbstverständlich Handelsketten wie *REWE* oder *Lidl* besteuern, würde immer noch Irland ein Veto einlegen. Und in Europa gibt es niemanden, der sagt: Komm Irland, wir geben dir, was die dir geben, dafür bist du auf unserer Seite. So läuft das einfach nicht.

Deshalb braucht es zumindest in lokalen Parlamenten Initiativen, mit denen sich lokale Interessen fördern lassen, um unsere Gesellschaft langfristig abzusichern.

Kreative Wirte

Was macht die Corona-Krise mit der Gastronomie? Schon wenn ich vor der Krise durch Städte wie Wien, Köln oder München ging und die Restaurants und Cafés an jeder Ecke sah, die sich kaum voneinander unterschieden, fragte ich mich, wie sie alle existieren können. Klar, es gab irgendwann einen Trend weg von der eigenen Küche und dem eigenen Esszimmer hin zur Gastronomie, aber der ist längst abgeschlossen. Inzwischen weisen Anzeichen eher auf die Rückkehr eines neuen Biedermeier und damit auf eine Umkehrung dieses Trends hin.

Während der Lockdowns überraschte die Gastronomie dann. Sie zeigte sich erstaunlich innovativ, was neue Geschäftsmodelle betraf. Viele Wirte bauten binnen weniger Wochen Abhol- und Zu-stell-Services auf, samt der dazugehörigen, teils ganz neuen (Stamm)-Kundschaft.

Vor allem im Sommer, der in der Gastronomie mehr Platz schafft, werden die Gäste zurück in die Betriebe strömen, glücklich über diese wiederge-wonnene Möglichkeit, soziale Kontakte zu pfle-gen. Die lassen sich über die sozialen Medien zwar ebenfalls digitalisieren, aber niemals in dem Aus-maß wie das Einkaufen. Wenn der Schein auch manchmal trügt, haben soziale Medien selbst für Heavy User wie Teenager im Hinblick auf persön-liche private Begegnungen nie eine ersetzende, sondern eher eine ergänzende Funktion.

Doch auch in der Gastronomie gilt: Die Zeit des Überflusses ist vorbei. Mit dem Trend zum Home-Office wird es weniger Mittagessen unter Kollegen geben, die bisher gerne auch einmal zwanzig Euro pro Person kosten durften. Es wer-den nicht mehr zwölf Leute an Sechsertischen sitzen und viele Gäste werden lieber mit Prosecco feiern, statt sich Champagner kommen zu lassen.

Auch in der Gastronomie wird in Zukunft des-halb nur noch funktionieren, was wirklich gut und innovativ ist und passt. Eine Ortschaft wird nicht mehr drei im Prinzip gleiche China-Restaurants, Pizzerien und Cafés brauchen, und auch hier müssen die Betriebe auf Dinge wie Erlebniswelt und digital vernetzte Geschäftsmodelle setzen.

Dennoch wird bei der Gastronomie die Bereinigung deutlich milder ausfallen als im Tourismus.

Ich gehe davon aus, dass wir in der Gastronomie mit einem Minus an Betrieben im einstelligen Prozentbereich auskommen werden.

Wobei auch hier viele von jenen, die bleiben, etwas schrumpfen oder sparsamer haushalten werden. Dennoch ist in der Gastronomie angesichts der Kreativität, die viele Wirte schon im Umgang mit der Krise gezeigt haben, verhaltener Optimismus angebracht.

Die Show geht weiter

Ähnliches gilt für die Veranstaltungsbranche. Sie wird zurückkommen, wahrscheinlich sogar in vollem Ausmaß, aber gegenüber der Gastronomie zeitverzögert.

Impfstoff wird wohl in absehbarer Zeit ausreichend vorhanden sein, doch die voraussichtlich schwache Durchimpfungsrate und die dadurch weiter bestehenden Ängste könnten die Politik zu länger anhaltenden Zutrittsbeschränkungen veranlassen und einen Teil des Publikums zur Zurückhaltung. Erwartbar sind vorläufige Umsatzrückgänge im zweistelligen Prozentbereich. Auch angeschlossene Branchen wie Standbau- und Securityfirmen oder Elektriker werden betroffen sein.

Doch die Veranstaltungsbranche, die auch von vielen kleinen, vereinsartig organisierten Initiativen geprägt ist, und die an eine gewisse Wechselhaftigkeit ihrer Umsätze je nach Zugkraft ihrer Veranstaltungen gewöhnt ist, wird damit umgehen können.

Die Perspektive für den gesamten Veranstaltungssektor ist mittelfristig gut.

Denn zwar lassen sich auch Veranstaltungen digitalisieren. Selbst Opernaufführungen können, wie die Lockdowns gezeigt haben, digital stattfinden. Doch damit lässt sich niemals das

Grundbedürfnis decken, das Menschen zu Veranstaltungen führt. Das Aufgehen als Teil eines größeren Ganzen, die Inspiration bei einem magischen Open Air-Festival, Konzert, Theaterstück oder Vortrag und die dabei entstehende Euphorie haben teilweise einen nahezu spirituellen Charakter. Die Psychologie vergleicht ihn wohl nicht zu Unrecht mit jenem der kirchlichen Messen in früheren Jahrzehnten. All das werden gerade auch verunsicherte, von Zukunftsängsten und dem Druck nötiger Veränderungen geplagte Menschen sich nicht auf Dauer nehmen lassen.

Veranstaltungen wird es auch in aller Zukunft geben, je nach gesellschaftlichen Entwicklungen vielleicht irgendwann sogar wieder mehr und größere als jetzt. Womit auch die rund um sie entstandenen Geschäftsmodelle abgesichert sind.

Die Spuren der Corona-Krise werden sich hier vor allem in einer erhöhten Vorsicht manifestieren, vielleicht in verpflichtenden Online-Registrierungen vor jeder Teilnahme und in einer raschen Reaktionsfähigkeit der Veranstalter beim Auftauchen neuer viraler beziehungsweise epidemischer oder pandemischer Entwicklungen. Vielleich fließt einiges davon in die bleibende Gesetzgebung ein, sodass sich dann in Feuerwehrzelten nur noch 700 statt tausend Menschen aufhalten dürfen. Doch vor allem jene Unternehmen der Branche, die in den vergangenen Jahren Polster aufbauen konnten, werden überleben und vielleicht sogar wachsen, indem sie die Geschäftsfelder und allenfalls auch die Mitarbeiter der anderen übernehmen.

Anders ausgedrückt: Die Veranstaltungsbranche wird nicht gleich in vollem Ausmaß wiederkehren und sie wird sich in ihrer Struktur und ihrer Logistik leicht verändern, aber ihr Geschäftsmodell ist kerngesund und sie wird unter allen Hauptbetroffenen der Branchen am ehesten wieder zu alter Stärke zurückkehren.

Die vergessenen Branchen

Viele Arbeitslose und Firmenpleiten werden Branchen produzieren, die kaum Hilfszahlungen bekommen. Denn Staaten wie Österreich und Deutschland zahlen großzügig an den Tourismus, die Gastronomie und an den Handel, weil deren Probleme mit Shutdowns offensichtlich und von Wählern beziehungsweise Steuerzahlern leicht nachvollziehbar sind, weil die Kosten dafür abschätzbar sind und weil Wirtschaftswissenschaftler diese Kosten als tragbar einstufen.

Die Gastronomie zum Beispiel ist in Österreich in der nahezu luxuriösen Situation, achtzig Prozent ihres Umsatzes ersetzt zu bekommen. Auch der Handel kann mit den Hilfszahlungen die direkt von den Lockdowns verursachten Umsatzausfälle einigermaßen ausgleichen. Nicht so die Zulieferer des Tourismus, der Gastronomie und des Handels, die teils so gut wie ganz von einer dieser beiden Branchen abhängig ist.

Ich habe schon das Beispiel eines Fleischers in einem Tourismusort genannt. Die Restaurants und Wirtshäuser, die er beliefert, bekommen automatisch Hilfszahlungen, er selbst tut sich dabei viel schwerer. Ähnliches gilt zum Beispiel in der Mode. Die Modehäuser und Boutiquen bekommen als Händler Hilfszahlungen, die Hersteller müssen darum kämpfen und haben am ehesten Chancen auf Überbrückungskredite mit

Staatshaftungen, die sie zurückzahlen müssen. Ähnliches gilt für Spielwarenhändler und Spielwarenhersteller, Buchhändler und Verlage oder Sportartikelhändler und -hersteller.

In Österreich wies lediglich die Opposition auf dieses Problem hin, doch sie blieb damals, im November 2020 ungehört. Die Regierungspolitik verschließt hier aus gutem Grund die Augen und Ohren. Andernfalls fiele ihr Blick auf die ganze Komplexität der Wirtschaft. Denn jeder Zulieferer des Tourismus, der Gastronomie oder des Handels hat seinerseits wieder Zulieferer, die auch wieder Zulieferer haben. Deshalb tut die Politik gerade genug, um handfeste Argumente zur Durchsetzung ihrer Lockdown-Strategie zu haben, doch am Ende ist trotzdem das ganze System hinter seiner Oberfläche von teils existenzgefährdenden Umsatzausfällen betroffen, die niemand ausgleicht.

Die Politik argumentiert zum Teil, dass Mode-, Spielwaren- oder Sportartikelhändler ihre Produkte auch online verkaufen können, und auch viele Konsumenten sehen das so. Doch erstens können das die Händler und, über die Lieferservices, die Gastronomie auch, und zweitens lagen die Um-

satzanteile des Online-Handels trotz des steti-
gen Wachstums in den vergangenen zwölf Jahren
auch im Jahr 2020 nach wie vor auf vergleichsweise niedrigem Niveau. In Österreich etwa machte
der Gesamtumsatz des stationären Handels laut
Hochrechnung des *Handelsverbandes Österreich*
74,5 Milliarden Euro aus, der Online-Handel er-
zielte 4,2 Milliarden Euro Umsatz. Das heißt, dass
die Zulieferer des Handels während der großzügig verhängten Lockdowns weitgehend ersatzlos
95 Prozent ihres Umsatzes verloren.

*Die Politik hat die Lockdowns aus wirtschaft-
licher und sozialer Sicht zu leichtfertig als
alternativlos dargestellt. Sie berufen sich bei
ihren Maßnahmen auf Wirtschaftswissenschaftler, doch nicht alles, was volkswirtschaftlich
opportun und vertretbar ist, ist den Menschen
auch zumutbar. Mit etwas mehr Kreativität und
Mut bei der Pandemiebekämpfung hätten sich
wahrscheinlich Wege finden lassen, die nicht
hunderttausenden wirtschaftlichen und sozialen
Existenzen enormen Schaden zufügen oder sie
gar zerstören. Doch es sieht so aus, als hätte
darüber niemand nachgedacht. Die Politik hat*

das getan, was alle getan haben, weil es das ge-
ringste politische Risiko bedeutete, selbst wenn
es sich als falsch herausstellen würde.

Gesunde Unternehmen halten das eine Weile aus, weil sie von ihren Rücklagen zehren können, doch auch sie könnten solche Ausfälle im falschen Moment treffen. Hat ein Unternehmen zum Beispiel gerade seine Rücklagen plus Fremdmittel in eine neue Fertigung investiert, deren Kosten es jetzt nicht erwartungsgemäß zurückverdienen kann, wird es bald eng. Dann gehen als Folge der Lockdowns kerngesunde, expansive Unternehmen pleite. Umso problematischer ist die Situation für Zulieferer von Tourismus, Gastronomie und Handel, deren Geschäftsmodelle schon bisher schwierig waren.

Wie viele Pleiten und Arbeitslose diese vergessenen Branchen produzieren werden, ist pauschal schwer zu beziffern. Fest steht, dass sie einen blinden Fleck im Gesichtsfeld der Politik bilden. Derartige blinde Flecken rächen sich erfahrungsgemäß, und in diesem Fall kann diese Rache richtig bitter ausfallen.

Boom-Bremse Wohnbüro

Für New York mit seinen glitzernden Bürotürmen ging *Moody's*, eine der weltweit führenden Rating-Agenturen, im Mai 2020 davon aus, dass die Büromieten infolge der Corona-Krise anhaltend um zwanzig Prozent einbrechen könnten. Was, wie das deutsche *Handelsblatt* in der Folge schrieb, auch Banken und Private-Equity-Häuser zu spüren bekommen würden, die Immobilienprojekte finanzieren, genauso wie Versicherer, Pensionsfonds und andere institutionelle Investoren, für die der Markt lange als beständig galt.

So etwa investierte die *Deutsche Bank* allein seit 2014 fast 110 Milliarden Dollar in derartige Projekte und finanzierte zuletzt maßgeblich den noch laufenden Bau eines ganzen neuen Viertels in Manhattan, einer Mischung aus Büro- und Wohntürmen mit Restaurants und Einzelhandel. Muss sie jetzt die Kalkulation neu und mit Abstrichen machen, weil in den Türmen künftig vielleicht noch die Wohnungen, nicht mehr aber Büros vermietbar sind? Oder, anders gefragt: Wie viele Mitarbeiter arbeiten künftig überhaupt noch in Büros?

Als zwei der ersten Spitzenmanager beunruhigten Jes Staley, CEO des international agierenden britischen Finanzunternehmens *Barclays* und James Gorman, Chef der Investment-Bank *Morgan Stanley*, die Immobilienbranche. »Die Idee, dass jeden Tag 7.000 Leute im gleichen Büroturm sein müssen, könnte der Vergangenheit angehören«, sagte Staley, und Gorman pflichtete ihm bei. Diese Diskussion greift inzwischen längst nicht nur in allen großen Metropolen, sondern auch in kleineren Städten bis hin zu Bezirkshauptstädten um sich, und das zu Recht.

Wie genau die Arbeitswelt räumlich in Zukunft aussieht, wird erst die Praxis zeigen. Werden Arbeitgeber einen Teil der Mitarbeiter daheim arbeiten lassen und den frei gewordenen Platz für größere Besprechungsräume nützen? Werden sie sich auf mehrere kleinere Büros in der Nähe ihrer Mitarbeiter verteilen, die als Anlaufstellen für persönlich und gemeinsam zu besprechende Angelegenheiten dienen? Welche Rolle wird *Free Seating* spielen, also die platzsparende Nutzung von Arbeitsplätzen durch mehrere Mitarbeiter, die dafür seltener im Büro sind?

Abhängen wird das vor allem in Europa auch von arbeitsrechtlichen Regelungen, die dieser Entwicklung erst hinterher eilen müssen. Vieles findet derzeit etwa im Hinblick auf Versicherungen oder auf den Ausgleich von Mehrkosten der Mitarbeiter im Home Office im rechtlichen Graubereich statt. Wenn das geklärt ist, kann und wird sich das Home Office nachhaltig durchsetzen.

Fest steht damit, dass die Corona-Krise dem klassischen Büro Bedeutung nimmt, was Folgen für die Immobilienmärkte und für das gesamte Ökosystem Stadt hat. Denn betroffen sind von diesem Wandel nicht nur Immobilien-Investoren, -Entwickler und -Besitzer, sondern wie schon gesagt auch innerstädtische Gastronomie-Betriebe sowie Shops, was wiederum Rückwirkungen auf die Immobilienpreise in diesem Sektor hat.

Selbst innerstädtische Wohnflächen werden deshalb schwerer vermietbar sein. Denn es fallen die Argumente der Nähe zum Büro und der besseren Einkaufsmöglichkeiten bei solchen Lagen weg. Dafür treten die dort jetzt noch hohen Preise, der Klimawandel und die dadurch zunehmende Überhitzung der Innenstädte im Sommer in den Vordergrund. Auch das neue

Biedermeier lässt sich mit einem Garten oder einer dörflichen Umgebung vor der Tür leichter ausleben.

Der Immobilienmarkt befindet sich in einem grundlegenden Wandel, den die Corona-Krise beschleunigt. Eine sinkende Nachfrage nach klassischen Büroimmobilien, ein Schrumpfen des Marktes für Handels- und Hotel-Immobilien und eine Aufwertung des Wohnens außerhalb der Städte sind hier die großen Trends.

Bei Büro-Immobilien wirkt sich allenfalls der Brexit positiv aus, vor allem in den europäischen Ballungszentren und im Segment der gut ausgestatteten Flächen, weil damit Firmensitze von England nach Kontinental-Europa übersiedeln.

Wie groß dieser Effekt sein wird, ist allerdings fraglich. Ausgleichen wird er den Trend zum Home Office kaum. Eine Fortsetzung der vor der Corona-Krise noch intensiven Bautätigkeit am Bürosektor macht jedenfalls keinen Sinn mehr. Selbst bei laufenden Bauprojekten lohnt sich eine Prüfung, ob sich geplante Büros noch in Wohnungen der günstigeren Kategorie verwandeln lassen. Denn die hat die Branche in den vergangenen Jahren wegen der niedrigeren Renditen vernachlässigt, weshalb es hier noch Nachholbedarf gibt.

Aus heutiger Sicht sind die Immobilien-Investitionen in den vergangenen Jahren in genau die falschen Projekte geflossen, in Büros, Hotellerie und Einkaufszentren.

Der hier notwendige Umschwung zeichnete sich bereits in der zweiten Hälfte des Jahres 2020 ab. Viele Planungen befassten sich jetzt mit Wohnraum und hier insbesondere mit kleinen Wohnungen für Singles, Studenten und künftige Bezieher der Mindestsicherung.

Im Wohnbereich dürften die Preise im Branchenschnitt bei allen Veränderungen vermutlich annähernd gleich bleiben oder leicht steigen. Sobald die Miet-Stundungen, die viele Vermieter gewährt haben, wieder hereingebracht sind, steigen damit auch die Renditen. Bei Betrachtung des geografischen Gefüges werden die Wohnungsmieten und -renditen vermutlich in

den Ballungszentren leicht sinken und in den
Speckgürteln leicht steigen. In allen anderen
Bereichen werden die Preise und die
Renditen insgesamt sinken.

Was das alles für Immobilieninvestments bedeutet, wird in diesem Buch an anderer Stelle noch behandelt.

Abfahrt ins Ungewisse

Europas stärkste Volkswirtschaft ist Deutschland und Deutschlands wichtigster Industriezweig ist die Autoindustrie. Schwächelt sie, schwächelt nicht nur Deutschland. Deshalb ist sie gesondert zu betrachten.

Für die deutsche Autoindustrie gilt im besonderen Ausmaß, was für die ganze Realwirtschaft gilt: Ihre Aussichten waren schon vor der Corona-Krise eher schlecht. Für diesen besonders stark exportorientierten Industriezweig kamen schon damals zu den Handelskriegen und den möglich scheinenden Brexit-Folgen auch noch der Dieselskandal und die Umstellung auf neue

Antriebstechnologien, die er gemäß der gängigen Meinung verschlafen hatte, hinzu.

Die Last-Minute-Einigung auf eine für beide Seiten wirtschaftlich glimpfliche Brexit-Variante zu Weihnachten 2020 dürfte wie gesagt zumindest in diesem Punkt für die deutsche Autoindustrie wie für viele andere Branchen das Schlimmste verhindert haben. In den meisten anderen Fragen werden sich entscheidende Details aber erst zeigen. Etwa, wie sich der Welthandel in der Ära Joe Biden neu fügt, wie gut Deutschland mit seinem Wissen im Fahrzeugbau, seiner Ingenieurskunst und seinen Qualitätsansprüchen bei Elektroautos aufholen kann und welche rechtlichen und finanziellen Spätfolgen der Dieselskandal zeigen wird. Einiges steht aber schon jetzt fest.

Der Autoboom, den wir noch in den vergangenen fünf Jahren erlebt haben, ist Geschichte.

Die neue Sparsamkeit und die neue Bescheidenheit wird hier voll auf die Umsätze durchschlagen. Selbst wenn *Mercedes*, *BMW* und die *Volkswagen*-Marken ihr ganzes Können bei Elektroautos ausspielen, aufholen oder sich sogar an die Spitze setzen, ändert sich vieles. Schon weil die Wertschöpfungskette bei diesen Modellen geringer ist.

Die deutsche Autoindustrie wird in den kommenden Jahren Arbeitslose produzieren, und zwar viele.

Sie tat das auch schon während des Booms. Denn wenn sie investierte, dann am ehesten in neue Fertigungsstraßen, die mit noch weniger Personal auskamen.

Betroffen sind davon auch Länder mit vielen Autozulieferern wie Österreich und Teile Osteuropas. Diese Betriebe haben endgültig nur noch dann Chancen, wenn sie zu vernünftigen Preisen, aber mit Pioniergeist, neue Entwicklungen ins Auto und auf die Straße bringen. Doch vor allem wird der coronabedingte Auto-Knick Deutschland belasten, und zwar nicht nur wirtschaftlich, sondern auch sozial und damit jedenfalls politisch. Denn die Frage wird lauten: Was tun mit all den Arbeitslosen?

Es wird interessant zu beobachten sein, inwieweit die deutsche Bundesregierung hier sinnvolle Strategien nicht nur entwickeln, sondern auch rasch umsetzen kann. Die Chancen hätte sie, denn wo Mitarbeiter fehlen, ist hinlänglich bekannt. Alles, was mit Menschen zu tun hat, vor allem die Altenbetreuung, hat wachsenden Personalbedarf, ebenso wie der gesamte digitale Sektor.

In diesen Bereichen ein Umdenken in der Gesellschaft zu bewirken, etwa durch Aufladen gefragter Berufe mit Sozial-Prestige, ist eine zutiefst politische Aufgabe. Angesichts der Leichtigkeit, mit der Regierungen mit wenigen Federstrichen Milliarden an Hilfszahlungen ausschütteten, ist es geradezu verstörend, dass in diesen so wichtigen Bereichen die politische Initiative bisher weitgehend fehlt.

Was passiert, wenn Deutschland und andere Staaten dieses Umdenken versäumen, lässt sich am Beispiel Spanien ermessen. Selbst als Tourist hat sich mir das Problem ständig gezeigt. In Spanien gibt es seit Jahren eine verlorene Generation. Spanien hat es nicht geschafft, von der althergebrachten Landwirtschaft und dem althergebrachten Tourismus wegzukommen. Jetzt hat das Land ein relativ gutes Ausbildungssystem, aber keine Jobs für dessen Absolventen. Sie bleiben

bei ihren Eltern und bringen sich mit Teilzeit-
und Gelegenheitsjobs durch oder verteilen sich
zum Schaden Spaniens in alle Welt.

So wie Erfolg immer mehr Erfolg anzieht,
scheint auch Arbeitslosigkeit immer mehr Arbeitslosigkeit anzuziehen, und auch sie produziert Nutznießer. Das sind populistische Partei-
en, die mit dem Unmut der Bevölkerung spielen,
ihn zu Ärger und schließlich zu Wut und Hass
hochzüchten und Stimmen, Macht und die Möglichkeit gewinnen, die Länder mit ihren mangelhaften realpolitischen Konzepten endgültig zu
beschädigen.

Gewinner gibt es immer

Zunächst sah es gar nicht so aus, als würden die
Pharma-Konzerne zu den Gewinnern der Corona-Krise gehören. Die Lockdowns in vielen Ländern reduzierten auch Arzt- und Spitalsbesuche,
und damit neue Diagnosen und Medikamenten-
verschreibungen. Die Ergebnisse des amerikanischen Pharmariesen *Pfizer* etwa sanken im zweiten Quartal 2020 um elf Prozent.

Auch der Pharmakonzern *Roche* erlitt im gleichen Zeitraum trotz des guten Geschäftes mit Coronavirus-Tests eine leichte Umsatzdelle. Doch dann startete mit den ersten Impfungen in den USA und England die in der Geschichte der Menschheit bisher größte globale Rettungsaktion. Die Pharma-Industrie wurde mit ihren Impfstoffen zum Träger der Hoffnung auf eine Rückkehr zur Normalität.

Teils jahrelange Forschungsarbeiten wie die an den zunächst zum Einsatz kommenden RNA-Impfstoffen zahlten sich plötzlich aus und die Milliarden konnten fließen, zumindest für jene Pharma-Hersteller, die bei der Suche nach einem Impfstoff fündig geworden waren. Ein Geldsegen, der nun nicht nur auf sie selbst herabregnet.

So gibt es im italienischen Niemandsland, hundert Kilometer von Neapel entfernt, ein bisher unauffälliges Unternehmen namens *Desmon*, auf dem bei der Bewältigung der Pandemie große Hoffnungen ruhen und das deshalb das Geschäft seines Lebens machen könnte. Die Firma, deren Logo ein blauer Eskimo mit einer Brille, einem Wanderstab und einer Art Heiligenschein ziert, hat schnell zwei Ultra-Tiefkühl-geräte entwickelt, die konstant Temperaturen von minus siebzig Grad Celsius garantieren können. Das ist genau die Temperatur, die der RNA-Impfstoff von *Pfizer* und dem deutschen Start-up *Biontech* benötigt.

Die Pharmabranche wird langfristig auch durch einen Imagewandel gewinnen. Nie war die Diskussion über Nutzen und Schaden von Impfstoffen so präsent, nie wurde sie so detailreich geführt und nie waren die Impfgegner derart kleinlaut. Die Pharma-Branche hatte zuvor auch ihretwegen teilweise schon auf Investitionen in neue Impfungen verzichtet, schlicht weil sie das Geld, wenn die Bevölkerung aus welchen Gründen auch immer Bedenken entwickelte, nicht zurückverdienen konnte.

Jetzt auf einmal hatten sie von Joe Biden und Angela Merkel abwärts alle mächtigen Männer und Frauen als Fürsprecher auf ihrer Seite. Sogar der Klerus legte sich für sie ins Zeug. So verglich der prominente Wiener Dompfarrer Toni Faber Impfgegner mit »kleinen Kindern«.

Ein Imagegewinn, der sich wie gesagt auszahlen und der auf den Absatz vieler anderer Pharma-Produkte der ohnedies verwöhnten Branche ausstrahlen wird. Auch deshalb, weil die Gesundheit etwa im Hinblick auf das Funktionieren des Immunsystems oder auf Vor-Erkrankungen unter dem Aspekt weiterer pandemischer Entwicklungen neue Bedeutung bekam.

Lebensmittel-Punkt

Ende Juli 2020 gab sich *Amazon*-Chef Jeff Bezos im Hinblick auf die Marktmacht des Unternehmens noch zurückhaltend. Sie werde überschätzt, meinte er sinngemäß, wohl weil auch er weiß, dass er irgendwann gerade über sie stolpern könnte. Wenige Tage später zeigte der Online-Händler anhand seiner Zahlen für das zweite Quartal 2020, wie sehr er dank der Corona-Krise seine Vormachtstellung ausgebaut hatte.

In praktisch jeder Hinsicht übertraf *Amazon* die Erwartungen der Analysten und die eigenen Prognosen. Der Quartalsumsatz stieg in Zeiten, in denen viele Konkurrenten ihre Läden schließen mussten, um vierzig Prozent auf 88,9 Milliarden Dollar. Trotz hoher Investitionen in Vertriebszentren, Auslieferung und Dinge wie Cloud-Computing-Zentren blieb *Amazon* ein Nettogewinn binnen nur drei Monaten von gleich 5,2 Milliarden Dollar. Das war genau doppelt so viel wie im Vergleichszeitraum des Vorjahres. So viel hatte *Amazon* noch nie in einem einzigen Quartal verdient.

Amazon ist nicht das einzige Handelsunternehmen, das aus der Corona-Krise als Gewinner hervorgeht. Die Lebensmittelhändler und die wenigen anderen Handelssparten, die während der Lockdowns offenblieben, gehören schon deshalb zu den Gewinnern, weil sie keine Umsatzrückgänge verzeichnen und keine Rücklagen aufbrauchen mussten. Sie stehen jetzt im Vergleich zum Großteil der restlichen Wirtschaft stark da.

Interessant ist dabei auch, dass gerade die großen Supermarktketten während der Lockdowns zu einer Art zweitem »Lebensmittel-Punkt« für viele wurden, als einzige Orte die sie besuchen durften und wollten. Denn auch kleine Lebensmittelgeschäfte bis hin zu Confiserien durften offenhalten, doch es zeigte sich, dass die Konsumenten sie mieden. Einige dieser Läden verzichteten sogar auf die Möglichkeit, offen zu halten. Ein Teil ihrer Kunden könnte sich angewöhnt haben, ihren

Bedarf dauerhaft in den Supermärkten zu decken. Sie wissen jetzt genauer, was die alles können und wo genau sie was in den Regalen finden.

Während zum Beispiel niedergelassene Modehändler wohl mit einer Abwanderung vieler Kunden in den Online-Handel leben müssen, könnten die großen Lebensmittelketten sogar neue Kunden dazugewonnen haben. Was sie, wenn sie jetzt die Zeichen der Zeit erkennen, zusammen mit ihren unangetasteten Rücklagen in die Lage versetzt, schnell und konsequent auf Erlebniseinkauf und Digitalisierung zu setzen, ihre Sortimente auszubauen und neben *Amazon* zum zweiten großen Gegner weiter Bereiche des Handels zu werden.

Auch für die Lebensmittelketten wird nicht alles eitel Wonne sein. Die Sparsamkeit und die neue Bescheidenheit werden auch sie zu spüren bekommen. Andererseits bedienen sie eines der beiden großen Bedürfnisse, die Menschen immer decken müssen: Essen und Wohnen. Und sie sind nicht nur mit günstigen Eigenmarken gut auf bescheidenere Konsumgewohnheiten eingestellt. Auch die zusätzliche Marktmacht, die sie während der Corona-Krise gewonnen haben und wohl noch gewinnen werden, hilft ihnen. Sie gibt ihnen die Möglichkeit, ihre Konditionen bei ihren Lieferanten weiter zu ihren Gunsten zu drücken und Preisvorteile im Bedarfsfall weiterzugeben.

Sicher durch die nächsten Jahre

Dieses Buch soll nicht nur die wahrscheinlichen Auswirkungen der Krise auf die Realwirtschaft (und im nächsten Kapitel auch auf die Finanzwirtschaft) zeigen, sondern auch Anhaltspunkte geben, wie Sie die bevorstehende Phase der Veränderungen gut überstehen und idealerweise sogar für sich nutzen können. Deshalb hier die fünf wichtigsten Konsequenzen, die sich aus dem Gesagten für persönliche Entscheidungen ziehen lassen.

Erstens. *Hinterfragen Sie besonders aufmerksam die wirtschaftliche Stabilität Ihres Arbeitgebers beziehungsweise (als Unternehmer) Ihrer Lieferanten.* In einer Phase, in der es besonders viele Pleiten, Sanierungen und Fusionen geben wird, schafft Wissen einen wichtigen Vorsprung. Es ist besser, sich bei Arbeitgebern rechtzeitig neu zu orientieren, als bis zum bitteren Ende zu bangen und zu hoffen und dann womöglich gleichzeitig mit vielen Kollegen mit ähnlichen Kompetenzen am Arbeitsmarkt zu landen. Auch Unternehmer können gewinnen, wenn sie, statt auf ihr Glück zu vertrauen, auf Fakten bauen und etwa ihre Zahlungsziele und -Modalitäten dem anpassen. Wie steht es um die Wettbewerbsfähigkeit und die Fortbestandsprognose des Unternehmens? Wie voll sind die Auftragsbücher? Wie gut passt das zu meinen eigenen Vorstellungen von Sicherheit und zu der Verantwortung, die ich trage, zum Beispiel als Familienvater oder -mutter oder gegenüber meinen eigenen Mitarbeitern?

Sie haben einige Möglichkeiten, Antworten darauf zu finden.

• Recherchieren Sie. Sollten Sie sich bisher für diese Dinge höchstens nebenbei interessiert haben, werden Sie sich wundern, wie leicht Informationen dazu verfügbar sind. Fangen Sie bei Ihren (Branchen)-Kollegen an. Gehen Sie zu denen, die schon wirtschaftlichen Hausverstand gezeigt haben und deshalb am ehesten über belastbare Informationen verfügen. Wahrscheinlich werden Sie sogar mehr Informationen bekommen, als Sie haben wollten. Ihre Aufgabe besteht hier deshalb vor allem darin, mit eigenem Hausverstand und eigener Beobachtung zwischen Gerüchten und Fakten zu unterscheiden.

- Nützen Sie die Medien. Ein Unternehmen muss nicht *Amazon, Volkswagen* oder *Rewe-Group* heißen, um in den Medien in Erscheinung zu treten. Es gibt auch Branchen-News, online und gedruckt, wobei Sie auch hier nicht alles als Faktum nehmen dürfen, was Sie vorfinden. Es kann sich vor allem bei kleineren Medien gerade in schwierigen Zeiten immer auch um bezahlte Promotion-Berichte handeln, die manchmal nicht klar als solche gekennzeichnet sind.

- Sehen Sie im Firmenbuch nach. Unternehmen müssen dort ihre Bilanzen hinterlegen. Die sind nicht immer aktuell, doch sie stammen tendenziell aus besseren Zeiten und Sie können selbst ermessen, wie sie sich in einem geänderten Umfeld entwickeln werden.

- Halten Sie die Augen offen. Wenn Ihr Arbeitgeber die gemieteten Wasserspender des Großraumbüros zurückgibt, dann hat das etwas zu bedeuten. Seien Sie aber auch hier vorsichtig mit Schlussfolgerungen. Es kann tatsächlich bedeuten, dass die Firma stehend k.o. ist, es kann aber auch bedeuten, dass sie einen konsequenten Sanierungskurs fährt, überall spart, nur nicht bei den Mitarbeitern und in zwei oder drei Jahren stärker und gesünder ist als je zuvor.

Zweitens. *Überlegen Sie, was Sie wirklich wollen.* Es war in diesem Buch bereits zu lesen: Die Zeit des Überflusses ist vorbei und in der Zeit, die jetzt kommt, werden nur noch Dinge funktionieren, die »passen«. Das wirkt sich auch auf jede persönliche berufliche Planung aus, sowohl für Angestellte als auch für Unternehmer.

Gut und damit sicher werden beide in Zukunft nur noch mit dem sein können, das wirklich zu ihnen passt, in dem sie authentisch sind, für das sie brennen und mit dem sie sich auch beschäftigen würden, wenn sie kein Geld dafür bekämen.

Ganz leicht ist es manchmal nicht, das herauszufinden, weil uns dabei soziale Vorgaben und unsere vielleicht falschen Erwartungen an uns selbst im Weg stehen. Doch wenn die Zeit jemals reif für diese Art der Innensicht war, dann jetzt. Zum einen, weil wir mit den Dingen, die nicht richtig zu uns passen, und die wir nur des

Geldes oder des Prestiges wegen tun, austausch-
bar sind, unsere Namen bei Sparprogrammen
als erste von der Payroll gestrichen werden und
wir auch als Unternehmer gegen die in diesem
Punkt richtig aufgestellten Konkurrenten keine
Chance haben.

Zum anderen, weil Zeiten der Veränderungen,
wie sie vor uns liegen, immer auch Zeiten des Auf-
bruchs sind. Es war schon immer so: Im Chaos gewinnt, wer am genauesten weiß, was er will. Geben
Sie aber Ihren Job oder ihre Geschäftsfelder nicht
gleich auf, wenn manches daran anscheinend
nicht mehr zu ihnen passt. Beobachten Sie zunächst lieber, ob es eine Möglichkeit gibt, sich innerhalb Ihres bestehenden Rahmens zu verändern.

Drittens. *Bilden Sie sich weiter.* Fortbildung
hat ab jetzt eine neue Bedeutung: Sie können
damit vor allem als Angestellter Entwicklungen
vorwegnehmen.

Wahrscheinlich wird Ihr Arbeitgeber bald ent-
decken, dass er ein digitales Standbein aufbau-
en oder ausbauen muss. Wenn Sie dann sagen
können: »Ich habe gerade einen Kurs für Social
Media-Marketing absolviert und ich sehe da vie-

le Möglichkeiten für uns« oder auch: »Ich belege gerade einen Kurs für Social Media-Marketing und ich sehe da schon jetzt viele Möglichkeiten für uns«, sind Sie dabei.

Bilden Sie sich im Sinne des oben Gesagten nur in Bereichen weiter, die wirklich zu Ihnen passen, sonst sitzen Sie erst recht wieder als biologischer Wirtschafts-Roboter in der Falle. Und achten Sie bei der Wahl Ihrer Fortbildung trotz aller Innensicht immer auch darauf, ob es für die dabei vermittelten Kompetenzen einen Markt gibt.

Für Unternehmer ist Fortbildung ohnedies unerlässlich, sei es als Autodidakt oder im Rahmen der breiten Angebote, die es hier gibt. Denn erfolgreich können Sie nur Dinge an Mitarbeiter oder externe Dienstleister übergeben, die Sie selbst zumindest in den Grundzügen verstanden haben.

Gerade bei der Digitalisierung ist das ein Thema. »Machen Sie mal, Sie kennen sich da besser aus«, ist meistens sehr teuer und bringt wenig. Schon weil Sie ohne jede eigene Kompetenz auch die Kompetenz Ihrer Partner kaum einschätzen können.

Viertens. *Machen Sie sich Gedanken über Ihre Kinder.* In den USA sind die »skills for the future«, also die Frage, was unsere Kinder wissen und können müssen, um ihre Zukunft zu meistern, ein großes Thema. Auch deshalb, weil Eltern Ihnen diese Skills schwerer als frühere Elterngenerationen vermitteln können, einfach deshalb, weil sie selbst nicht darüber verfügen.

Es geht natürlich um digitale Kompetenzen, um die Aufwertung alles Technischen und Informationsbezogenen, um Programmieren oder zum Beispiel um Storytelling, das im Zeitalter der sozialen Medien zur dominanten Kulturtechnik wird, um die Fähigkeit, Muster zu erkennen, die eine komplexe Welt verständlicher machen, und ständig zu entlernen und neu zu lernen, weil Wissen ein Ablaufdatum hat: Wenn österreichische Fachhochschulen jetzt in der Fachrichtung Social Media-Marketing vier Jahre alte Lehrbücher verwenden, dann ist das so, als würden die Landwirtschaftsschulen modernen Ackerbau mit Schaubildern von Holzpflügen zu vermitteln versuchen.

Da die Corona-Krise in so vieler Hinsicht die Zukunft vorwegnimmt, müssen Eltern die Schulplanung ihrer Kinder also neu denken. Bloß wie? Es gibt drei Dinge, die sie beachten können, und die den entscheidenden Unterschied ausmachen können.

- Beobachten Sie Ihre Kinder, immer in dem Wissen, dass auch sie nur in dem gut sein werden, das wirklich zu ihnen passt, und dass auch sie in keinem anderen Bereich leistungsbereit sein werden. Was Sie beobachten, können sie mit vorsichtiger Hand fördern, ihre eigenen Erziehungsziele und Karriereprojektionen, die Eltern nun einmal haben, hintanstellend. Als Vater eines Neunjährigen habe ich festgestellt, dass das Home Schooling bei allem damit verbundenen Stress einige Vorteile mit sich brachte. Ich konnte sehen, wie mein Sohn mit schulischen Herausforderungen umgeht, und teilweise sah ich es mit Überraschung und neuen Erkenntnissen über seine Stärken und Möglichkeiten.

- Geben Sie der Bildung den Vorzug gegenüber der Ausbildung. Ausbildung wird mit der weiterhin steigenden Innovationsdynamik in der Wirtschaft umso rascher veralten. Bildung wird am ehesten in die Lage versetzen, sich jeweils neu zu orientieren. Es macht jetzt Sinn, Spezialisierung in der Schulbildung entgegen dem Trend der vergangenen Jahre hinauszuzögern, um Kindern Zeit zu geben, zu ihren tatsächlichen Stärken zu finden.

- Setzen Sie auf Schulen, die einige Grundelemente moderner Bildung verstanden haben und über das Lehrpersonal verfügen, sie umzusetzen. Programmieren sollte ein Pflichtgegenstand wenn nicht überhaupt ein Hauptgegenstand sein. Schulen sollten sich mit dem Lernen des Lernens befassen, also Lerntechniken vermitteln, die Kinder später befähigen, mit den ständigen Veränderungen Schritt zu halten. Sie sollten zudem interkulturelle Kompetenzen vermitteln, die in der globalen Welt des Internets wertvoll sein werden.

Fünftens. *Befassen Sie sich mit Selbständigkeit.* Die Corona-Krise beschleunigt einen Bedeutungsgewinn des Erwerbsmodells Selbständigkeit. Die Wirtschaft braucht von jetzt an nicht nur weniger Angestellte, sondern auch mehr Unternehmer.

Das hat damit zu tun, dass die Einheiten unseres Wirtschaftssystems, seine Bauteile, immer kleiner werden. Es entstehen immer mehr Nischen, die eine eindeutige Spezialisierung erfordern.

So zum Beispiel haben früher Firmen, die Unternehmen digital betreuten, ihre Homepage gestaltet, sie programmiert und alle möglichen anderen Dienstleistungen erbracht. Jetzt sind das völlig unterschiedliche Bereiche, die sich in Zukunft in weitere wie Content-Produktion, animierte Bilder, Videoproduktion, Fotobearbeitung oder Social-Media-Marketing aufteilen werden, wobei es bei letzterem Spezialisten für jede einzelne Social Media-Plattform geben wird.

Geschäftsmodelle müssen, um noch zu funktionieren, präziser werden, nicht bloß im digitalen Bereich, sondern insgesamt. Es gibt auch Bäckereien, die nur eine Sorte Brot backen, das aber so gut, dass sie damit erfolgreicher sind als die meisten Allrounder. Für Allrounder hingegen wird es schwieriger, sowohl von der Produktentwicklung, als auch von den Personalkosten oder der Marktpräsenz her.

Das alles erhöht die Chancen für Selbständigkeit, zumal in einer Zeit, in der keine aufwändigen Betriebsstätten mehr erforderlich sind, Unternehmen mit Netzwerken daheim arbeitender Mitarbeiter starten können, und das im Idealfall auch noch mit digitalen Geschäftsmodellen. Das erfolgsversprechende Prinzip *Trial & Error* verbrennt so kaum noch Geld und bringt keine Imageverluste mehr. Zwei oder drei Fehlschläge? Egal. Erst wenn etwas funktioniert, geht es richtig los.

Wenn Sie also etwas wirklich interessiert, wenn Sie sich in einem Bereich wirklich auskennen, dann fragen Sie sich, wo Sie den dazu passenden Job finden, fragen Sie sich aber auch, wie Sie sich damit selbständig machen können.

Selbständigkeit ist nicht jedermanns Sache. Manche Menschen können sich in einem größeren Umfeld besser einbringen. Aber wenn Sie der Typ dafür sind, wenn Sie glauben, dass etwas funktionieren kann, wenn Sie sich sogar relativ sicher sind, dass es funktioniert, dann go for it!

Der Crash war schon da

Die Wirtschaftskrise nach Corona wird mit der Krise der Jahre 2008 und 2009 nicht vergleichbar sein. Damals hatten wir eine Finanzkrise, die lange dauerte und eine Weile brauchte, bis sie in der Realwirtschaft ankam. Diesmal haben wir eine Krise der Realwirtschaft, die umgehend auch einen Absturz der Börsen bewirkte. Während die Realwirtschaft jahrelang mit den Corona-Folgen und den durch die Corona-Krise beschleunigten Veränderungsprozessen zu kämpfen haben wird, kehrten die Börsen relativ rasch auf ihr Vorkrisenniveau zurück oder überboten es sogar. Viele Menschen irritierte das. Wie war das möglich? Was passiert da an den Börsen? Was passiert jetzt überhaupt mit dem Geld?

Die Realwirtschaft ist von objektiven Faktoren geprägt, von Aufträgen, Umsätzen und Gewinnen zum Beispiel, und nur zu einem gewissen Grad von subjektiven wie Konsum- und Investitionsstimmung. Die Börsen sowie die Geld- und Devisenmärkte hingegen erzählen immer eine subjektive Geschichte über die Zukunft, und die kann stimmen, teilweise stimmen oder falsch sein. Ein erwartetes Happy End muss nicht unbedingt eines werden und ein Showdown kann glimpflicher ausgehen als erwartet.

Es ist also nicht so, dass die Finanzwirtschaft die Realwirtschaft nachbildet, oder umgekehrt. Dennoch lassen sich beide nicht losgelöst voneinander betrachten, auch wenn es manchmal so aussieht. Sie sind auf vielfältige Weise miteinander verwoben.

Wenn zum Beispiel die Nachfrage nach Büro- und Handelsimmobilien sinkt, kommen auch Investmentfonds in Bedrängnis, die besonders viele derartige Immobilien besitzen. Anleger erwarten, dass die Renditen solcher Fonds sinken und stoßen ihre Papiere ab. Und gerade im vergangenen Jahrzehnt haben wir gesehen, wie sehr auch die Finanzwirtschaft auf die Realwirtschaft wirken kann. Die Bankenregulierungen nach der Finanzkrise 2008 und 2009 bremsten wie gesagt die Dynamik der Realwirtschaft.

Die Frage, die sich jetzt stellt, lautet also: Wie sehr schadet die durch Corona verursachte realwirtschaftliche Krise den Finanzmärkten?

Am drängendsten scheint sie in Zusammenhang mit den Geschäftsbanken zu sein, also mit jenen Banken, bei denen Unternehmen und Privatkunden Kredite laufen haben, die sie jetzt vielleicht nicht mehr bedienen können.

Kredite wegen insolventer Kreditnehmer abzuschreiben gehört zwar zum täglichen Geschäft dieser Banken. Sie sind darauf vorbereitet und haben sich für solche Fälle abgesichert. Doch wenn es zu viele Kredite sind, wird es irgendwann eng.

Im schlimmsten Fall kommt ein Vertrauensverlust der Bevölkerung dazu. Wenn Kunden massenhaft Geld abheben wollen, sind die Banken tendenziell schnell überfordert. Dann kommt aus den Geldautomaten kein Geld mehr, niemand hat mehr auf seine Konten Zugriff und vor den verschlossenen Türen der Banken steht Sicherheitspersonal, um wütende Kunden fernzuhalten.

Wie stark also sind unsere Banken? Wie lange halten sie die kommenden Umbrüche und die damit verbundenen realwirtschaftlichen Turbulenzen aus? Sollen wir vielleicht doch besser so bald wie möglich unsere Ersparnisse abheben?

Kontonachricht aus der Corona-Krise

Während des Beginns der Corona-Krise gab es tatsächlich einen Moment, in dem Beunruhigte anfingen, ihr Geld von den Banken zu holen. Damals traten Nationalbankdirektoren wie der österreichische auf den Plan und beruhigten. Das Geld sei bei den Banken sicher, sagten sie. Dennoch halten sich im Internet hartnäckig Theorien, wonach ein Bankencrash bevorsteht. Mehr noch: Die EU arbeite im Hintergrund für die Zeit danach an einem völlig neuen Geldsystem, besagen einige, und an einem völlig neuen Steuersystem.

Es hat nicht alles, was eine Theorie ist und sich in den sozialen Medien verbreitet, einen wahren Kern. Vieles ist einfach deshalb aus der Luft gegriffen, weil es Ängste in erzählbare Geschichten kleidet und damit leichter teilbar macht.

Richtig ist tatsächlich: Das Geld ist bei den Banken sicher. Sie stehen deutlich besser da als zum Beispiel vor der Finanzkrise 2008 und 2009.

Es gibt auch unter den Banken Zombies,
die ihr Leben nur noch den staatlichen Stützen
verdanken. Sie werden irgendwann verschwin-
den, zum Beispiel indem sie in anderen Banken
aufgehen. Die allermeisten anderen Banken
werden die als Folge der Corona-Krise
kommende Insolvenzwelle aushalten.

Für viele Kredite haften die Banken gar nicht selbst. Sie sind Teil der staatlichen Hilfestellungen für die Wirtschaft, weshalb auch die Staaten für sie haften. Die meisten europäischen Staaten brauchen sich deswegen ebenfalls keine Sorgen zu machen. Denn hinter ihnen steht die *Europäische Zentralbank (EZB)* mit ihren Gelddruckmaschinen. Die *EZB* produziert, verkürzt gesagt, einfach so viel Geld, wie sie brauchen.

Die *EZB* bleibt ebenfalls entspannt. Denn ihre Möglichkeiten dabei sind unbegrenzt. Das machte sie zum Beispiel klar, als Hedgefonds nach der Finanzkrise 2008 und 2009 auf einen Zusammenbruch Griechenlands wetten wollten, was die Situation enorm verschlimmert hätte. Dem gebot die *EZB* mit einer klaren Ansage Einhalt: Wir werden so viel Geld drucken, wie nötig ist, erklärte sie damals, worauf sich die Hedgefonds zurückzogen. Genau davon ist auch jetzt auszugehen: Die *EZB* wird so viel Geld drucken, wie nötig ist, damit auch Banken überleben. Sie wird dabei die Regierungen unaufhörlich an deren Verpflichtung erinnern, mit Hilfe von hauptsächlich fiskalpolitischen Maßnahmen wieder Normalität herzustellen.

Es geht um enorm viel Geld. 212 Milliarden Euro hat die Corona-Krise laut Berechnungen des Deutschen Institutes für Wirtschaftsforschung im Auftrag der *Welt am Sonntag* allein Deutschland bis Ende 2020 an Wohlstand gekostet. Bis März 2021 kommen demnach weitere 179 Milliarden dazu. Nicht die ganze Summe muss die *EZB* drucken, aber das zeigt die Dimension, um die es geht.

Da drängt sich die Frage auf: Warum legen wir künftig nicht einfach die Hände in den Schoß und lösen alle Probleme auf diese Weise? Wenn Geld niemand erst verdienen muss, wenn wir es auch einfach in beliebiger Menge drucken können, warum schaffen wir das Leistungsprinzip, den Wettbewerb, den Innovationsdruck und all die anderen anstrengenden Dinge nicht einfach ab?

Die Schattenseiten des Gelddruckens

Von einigen Schattenseiten, die das Gelddrucken (oder besser, das Generieren von Geld, denn eigentlich druckt es die *EZB* ja nicht) im großen Stil hat, war in diesem Buch schon die Rede. Die Wirtschaft, die wir brauchen, um in Häusern leben zu können und dort warmes Wasser zu haben, von A nach B zu gelangen oder fernzusehen, verliert dadurch an Dynamik.

Die Wirtschaft entwickelt sich mit dem Gelddrucken im großen Stil nicht mehr im nötigen Tempo weiter und damit entwickelt sich auch die Welt nicht weiter. Sie verharrt tendenziell in ihrem Ist-Zustand, inklusive ihrer jeweiligen Probleme wie etwa der Schädigung der Umwelt und des Klimas. Außerdem liegt es schlicht nicht in der Genetik der Menschen, die »Hände in den Schoß zu legen« – der Spirit der Innovation, der Neugier, des Bewältigens von Herausforderungen ist uns angeboren.

Das »Gelddrucken« in großem Stil produzierte schon vor der Corona-Krise künstlich am Leben gehaltene Zombieunternehmen, die den Wettbewerb verzerren und gesunden Unternehmen das Leben erschweren. Jetzt wird es noch mehr dieser Unternehmen geben, die quasi ein Leben nach dem Tod führen.

Gleichzeitig lassen sich gesunde Unternehmen von dem billig verfügbaren Geld zu Investitionen hinreißen, die sie im Normalfall tunlichst unterlassen würden. Einfach weil sie wirtschaftlich zu riskant sind oder aus anderen Gründen keinen Sinn haben. Als Argument gilt dann: Wir tun es, weil wir es können. Mit Hilfe der *EZB*.

Nicht zuletzt reicht die EZB mit dem Geld-drucken Probleme einer Generation an die nächste Generation weiter.

Während das Vermächtnis der Alten der Wiederaufbau nach dem Zweiten Weltkrieg ist, wird unser Vermächtnis ein Berg von Staatsschulden und möglicherweise auch von privaten Schulden sein. Denn wer rechnen kann, finanziert ein Eigenheim angesichts hoher Preise und niedriger Zinsen heute auf fünfzig statt auf 25 Jahre. Die Erben müssen es dann samt Schulden übernehmen.

Gesellschaftspolitisch betrachtet macht das Gelddrucken die Welt lethargischer. Sie entwickelt sich in die Breite, aber nicht mehr nach vorne. Interessante Impulse für die Wirtschaft, für unser aller Leben und damit für die Evolution des menschlichen Lebensstils verzögern sich oder bleiben im schlechtesten Fall ganz aus.

Die entscheidende Frage lautet also nicht, warum wir nicht schon immer einfach Geld gedruckt haben. Sie lautet vielmehr: Was sind die Alternativen dazu?

Stellen wir uns ein Mehrfamilienhaus vor. Ein Reihenhaus zum Beispiel. Unterschiedliche Familien leben darin. Einige verdienen etwas besser, andere schlechter. Einige sind autochthon, andere haben Migrationshintergrund. Stellen wir uns vor, es ist gerade Weihnachten und sie alle feiern mit einem Weihnachtsbaum. Bis jemand einen Fehler macht und sein Weihnachtsbaum Feuer fängt. Die Familie flüchtet, die Wohnung brennt und droht auf die anderen Wohnungen und die anderen Häuser in der Reihe überzugreifen.

Die Feuerwehr ist auf solche Fälle vorbereitet und schnell da. Sie setzt jede Menge Wasser ein und löscht den Brand in der betreffenden Wohnung und in allen anderen Wohnungen, auf die er schon übergegriffen hat.

Am nächsten Tag begutachten alle den Schaden. Vieles ist schwarz, nass und raucht, doch noch mehr hat die Feuerwehr mit ihrem Löschwasser gerettet. Alle anderen Reihenhäuser zum Beispiel sind weitgehend unbeschädigt. Die Trockenlegungen und alle anderen nötigen Renovierungen beginnen. Irgendwann steht das Reihenhaus wieder da, als wäre nichts geschehen.

Den Feuerwehrleuten war klar, dass sie mit dem Löschwasser auch Schaden anrichten, doch sie hatten keine sinnvolle Alternative. Sie wussten nicht, welchen Schaden genau sie anrichten, aber sie wussten, dass sie damit Ärgeres verhindern. Deshalb setzten sie das Löschwasser in jeder nötigen Menge ein.

Genauso denkt die *EZB*, bloß dass ihr Löschwasser das Geld ist. Je mehr Geld sie in die Märkte pumpt, desto schwerer können sich wirtschaftliche Flächenbrände ausbreiten. Irgendwann werden dann die EU, die so etwas wie der Arbeitgeber der *EZB* ist, und die EU-Mitgliedstaaten den dabei angerichteten Schaden begutachten und es wird ihre Aufgabe sein, ihn zu beheben.

Wie lange die *EZB* mit dem Geldrucken weitermachen kann, darüber gibt es unterschiedliche
Meinungen. Viele und auch bedeutende Wirtschaftswissenschaftler glauben, sie könne das
unbegrenzt tun, und dem schließe ich mich an.
Denn alle Staaten drucken Geld und verschulden
sich wechselseitig beieinander. Wenn das immer
so weitergeht, könnten wir in zehn oder zwanzig
Jahren einfach einen Schuldenschnitt machen
und bei allen Staatsschulden die letzten beiden
Nullen streichen. Problem gelöst.

Lira 2.0

Es gibt Unterschiede zwischen den Staaten. Es
gibt starke wie Deutschland, die wir früher als
Hartwährungsländer kannten. Sie werden ihre
Schulden auch in Zukunft laufend bedienen und
deshalb eine hohe Bonität bei der Aufnahme
neuer Schulden haben. Und es gibt schwache wie
Italien, die schon immer hochverschuldet waren,
deren Bonität niedrig ist, die Gefahr laufen, ihre
Schulden nicht mehr bedienen zu können, die
Geld nur noch zu horrenden Zinsen und irgend-

wann gar nicht mehr aufnehmen können und die irgendwann tatsächlich pleite sein könnten.

Italien ist der klassische Wackelkandidat. Italien war schon immer der Strolch unter den europäischen Volkswirtschaften. So etwa hat dort die Sanierung des Staatshaushaltes mit fragwürdigen Währungsstrategien Tradition. Ich erinnere mich noch an meine Kindheit, in der meine Eltern den Zeitpunkt unserer Sommerfrische an der Adria davon abhängig machten, wann Italien die Lira wieder abwertete, um damit nicht nur uns, sondern auch Scharen anderer Touristen anzuziehen.

Als EU-Mitgliedsland wurde Italien zwangsläufig zum geldpolitischen Sorgenkind, doch es kann trotzdem weiter seiner Maxime Dolce far niente frönen. Denn das Land, in dem die Zitronen blühen, weiß die EU immer als *madre prottetiva*, als schützende Mutter, im Hintergrund.

Beim zweiten Sorgenkind Griechenland hat diese *madre prottetiva* schon gezeigt, dass sie mit ihrer Brieftasche zur Stelle ist, wenn sie gebraucht wird. Es gibt sogar eine Diskussion darüber, ob die Staatsschulden von Ländern wie Italien aufgrund bestimmter Zahlungsströme nicht ohnedies schon jetzt allen Europäern gehören.

Der deutsche Ökonom Hans Werner Sinn zum Beispiel glaubt das.

Doch ob dem nun so ist oder nicht, spielt eigentlich keine Rolle. Denn über diverse Finanzkonstruktionen ist das ohnedies gelebte Praxis. Die EU wird sich auch ohne rechtliche Verpflichtung hüten, Italien pleite gehen zu lassen. Staatspleiten sind zwar für Staaten weniger tragisch als Unternehmenspleiten für Unternehmer. Statistisch gesehen war zum Beispiel Argentinien in den vergangenen hundert Jahren alle 8,5 Jahre pleite, ohne dass sich dort etwas wesentlich verändert hätte, außer vielleicht das Regime.

Doch bei Italien ist das etwas anderes. Es würde das wirtschaftlich stark mit ihm verflochtene Frankreich mit in den Abgrund ziehen, und das könnte sich die EU dann wirklich nicht mehr leisten. Immerhin erbringen diese beiden Länder miteinander mehr als dreißig Prozent der Wirtschaftsleistung der Post-Brexit-EU. Ohne Italien und Frankreich gäbe es die EU praktisch nicht mehr, und auch keinen Euro.

Italien sieht wie ein Gewinner dieses Systems aus, ist es aber eigentlich nicht. Denn wenn es allein auf die *madre protettiva* setzt, verzichtet es auf notwendige Reformen, verpasst die Chance, sich zu entwickeln und stärker zu werden und vegetiert irgendwann nur noch als Sozialfall in der fiskalpolitischen Hängematte der EU vor sich hin. Dass dies überhaupt möglich ist, ist ein grundlegender Fehler, zu dem es schon bei der Konzeption des Euro kam, und der sich jetzt kaum noch beseitigen lässt.

Fazit: Geld zu drucken ist eine Notfallmaßnahme, die unser Wirtschafts- und unser Finanzsystem und damit auch unsere Art zu leben durch die Krise bringt. Sie verursacht Schäden, die wir in Kauf nehmen und hinterher beheben müssen, aber es gibt keine Alternative dazu.

Es gibt einen Ausweg

Einen Ausweg aus der Nullzinspolitik der *EZB* gibt es auch. Es ist nur dem traditionell mangelhaften Langzeitgedächtnis des Finanzmarktes geschuldet, dass ihn jetzt so wenige sehen. Denn wie gesagt ist diese Nullzinspolitik nichts Neues. Die *EZB* betreibt sie seit der Finanzkrise, die von den USA ausgehend Europa zwölf Jahre vor der Corona-Krise erfasste. Auch damals hieß es, dass sie ausweglos sei, weil eine Volkswirtschaft, die sich einmal an niedrige, Null- oder sogar negative Zinsen gewöhnt hätte, irgendwann gar nicht mehr anders funktionieren könne.

Tatsächlich plante die *EZB* aber 2019 bereits eine erste Anhebung der Zinsen, ganz nach dem Vorbild der amerikanischen Notenbank, die das bereits getan hatte und eine weitere Anhebung vorbereitete. Viele, unter anderem der damalige amerikanische Präsident Donald Trump, hatten erwartet, dass daraufhin die Börsen einbrechen würden. Nichts dergleichen geschah.

Die amerikanische und die europäische Wirtschaft waren also in dieser Phase auf dem Weg der geldpolitischen Gesundung. Das heißt, dass es einen Ausweg gibt und wir jetzt nur wieder dorthin zurückfinden müssen.

Gespenst Inflation

19.906,02 Prozent: Das ist die Inflationsrate von Venezuela im Jahr 2019 und derartige Zahlen tauchen jetzt auch im Kopf vieler Menschen auf, die ein ganz richtiger Gedanke beschäftigt: Wenn mehr Geld im Umlauf ist, verliert das Geld an Wert und die Inflationsrate steigt. Wenn sehr viel mehr Geld im Umlauf ist, verliert das Geld sehr stark an Wert und die Inflationsrate steigt sehr stark.

Lässt also die *EZB* mit ihren Gelddruckmaschinen die Inflationsrate explodieren? Enteignet sie uns damit indirekt, weil sie unseren Ersparnissen ihren Wert nimmt? Wird zu den wirtschaftlichen Folgen der Corona-Krise gehören, dass wir für die Summe, für die wir heute einen Kleinwagen mit Navigationssystem, Teil-Leder-Sitzen und Alufelgen bekommen, nur noch einen Laib Brot und vielleicht eine Packung Haltbar-Margarine kaufen können?

Die Inbrunst, mit der manche Social Media-User diese Theorie verbreiten, lässt fast vermuten, dass sie geradezu eine Sehnsucht nach realen Dystopien haben. Ich muss sie allerdings enttäuschen. Es wird eine Inflation geben, aber sie wird im niedrigen einstelligen Prozentbereich bleiben. Sie wird keine Dramen welcher Art auch immer verursachen.

Warum nicht?

Die Antwort auf diese Frage ist einfach:

*Das Geld, das die EZB jetzt druckt, kommt
nicht in Umlauf und kann deshalb auch
nicht inflationär wirken.*

Würde die *EZB* jedem Europäer einen Scheck mit
dreimonatiger Gültigkeit über 3.000 Euro als so-
genanntes »Helikoptergeld« in die Hand drücken,
was würde dann passieren? Die Europäer würden
sich doch den Fernseher mit der größeren Diagonale kaufen, vielleicht eine neue Waschmaschine
und um den Rest alle möglichen Sachen, die sie
eigentlich nicht brauchen.

Der zusätzliche Konsum wäre gut für die Wirtschaft, doch dieses Konzept hätte tatsächlich inflationäre Wirkung. Österreich hat über die Erhöhung des Arbeitslosengeldes diskutiert. Auch das
hätte inflationäre Wirkung gehabt.

Doch in Europa läuft die Sache anders. Die EU
leiht das Geld ihren Mitgliedsstaaten. Die Firmen, bei denen es am Ende in Form von Hilfszahlungen ankommt, haben deshalb nicht mehr
Geld zur Verfügung. Sie decken damit ihre laufenden Kosten, bedienen ihre Kredite und bezah-

len ihre Mitarbeiter. Sie tun mit dem Geld, was sie immer tun, nur dass sie es mangels Möglichkeiten nicht durch ihre Geschäftstätigkeit verdient sondern vom Staat zur Verfügung gestellt bekommen haben.

Die Staatsanleihen wiederum, über die die Staaten an das von der EU gedruckte Geld kommen, verschwinden in Rücklagen für Abfertigungen, in Versicherungen und Rückversicherungen, und in den Portfolios aller möglicher meist institutioneller Anleger, von denen viele verpflichtet sind, Papiere mit bestimmten Ratings, zum Beispiel Triple-A-Ratings, in bestimmten Mengen zu halten. Sie kaufen Staatsanleihen mit hundertjähriger Laufzeit oft mit der Absicht, sie tatsächlich hundert Jahre lang zu halten.

Einen leichten inflationären Effekt wird es dennoch geben. Schon deshalb, weil die Staaten ihre Hilfsgelder aufgrund des Zeitdrucks mit der Gießkanne verteilen müssen und damit auch Unternehmen an sie kommen, die sie eigentlich nicht brauchen und die sie sehr wohl in den Konsum fließen lassen können.

Doch auch die so entstehende Inflation hat nichts Bedrohliches. Denn ob die Inflationsrate bei 0,6 oder bei 1,4 Prozent liegt, spielt keine große Rolle. Zumindest nicht aus heutiger, von der Krise geprägter Sicht. In Österreich lag sie 2019 bei 1,5 Prozent (gegenüber zwei Prozent im Jahr 2018) und in Deutschland bei 1,4 Prozent. Der Zielwert der *EZB* für die Inflationsrate liegt bei knapp unter zwei Prozent im Jahr, und sie wird auch noch lange um diesen Wert pendeln.

Bargeld: Gekommen, um zu bleiben

Es wird auch niemand das Bargeld abschaffen, wie selbst namhafte Zeitungskommentatoren regelmäßig schreiben.

Es hätte einfach keinen Sinn, das Bargeld abzuschaffen, weder für die Regierungen, noch für die Banken, und schon gar nicht für Bürger oder Konsumenten. Niemand hätte etwas davon und deshalb wird es niemand tun.

Schon jetzt ist der Anteil des Bargeldes am gesamten existierenden Kapital relativ gering. Selbst wenn es der EU um Kontrolle ginge, würde ihr seine Abschaffung wenig bringen. Dann müssten sie vor allem die Kryptowährungen abschaffen, mit denen sich auf viel einfachere Weise staatliche Kontrollen umgehen lassen als mit Bargeld. Darknet und Kryptowährungen sind für »die dunkle Seite der Macht« ideale Instrumente. Geldwäsche und Lösegeldforderungen laufen längst zu einem überwiegenden Teil über Bitcoin und ähnliche Währungen. Aufgrund der verwendeten Blockchain sind die Transaktionen nicht nachvollziehbar, was immer mehr Menschen nützen. Bis November 2020 gab es weltweit fast 600 Millionen Bitcoin-Transaktionen.

Die Post-Corona-Börse

Es liegt in der Natur der Sache, dass niemand verlässlich sagen kann, wie sich die Börsen in den kommenden Jahren entwickeln werden. Das ist weder im Hinblick auf Indizes wie den *Dax*, den *ATX* oder den *Dow Jones*, noch auf einzelne Titel möglich. Sehr wohl lässt sich aber verlässlich sagen, wie sie sich nicht entwickeln werden: Sie werden in den kommenden Jahren nicht zusammenbrechen. Es wird als Folge der Corona-Krise keinen Börsen-Crash geben.

Es gibt hier keine Blase, die platzen könnte. Die von den Zentralbanken geschaffene Liquidität wird für viele Jahre weiter fließen und auch danach nicht plötzlich verschwinden, sondern schrittweise.

Wer daraus schließt, dass er in den kommenden Jahren an den Börsen nicht sehr viel Geld verlieren könnte, der irrt allerdings. Denn auch ohne Börsencrash wird sich vieles dort ändern, und einige dieser Veränderungen werden erfolgreiche Aktieninvestments erschweren.

So etwa werden sich die Branchen an den Börsen anders als in den vergangenen Jahren sehr unterschiedlich entwickeln. In den vergangenen Jahren zogen praktisch alle Branchen mehr oder weniger parallel zueinander nach oben. In den kommenden Jahren wird es Branchen wie etwa die Pharmaindustrie oder den Online-Handel geben, die das weiterhin tun, und andere, wie die Luftfahrtindustrie oder der Tourismus insgesamt, die eher nach unten tendieren werden.

Zudem wird es künftig häufiger starke Einbrüche geben, die sich zwar schnell wieder ausgleichen, doch alle, die zum falschen Zeitpunkt das Falsche tun, kann das viel Geld kosten.

Der Absturz der Börsen im März 2020 gab bereits einen Vorgeschmack darauf. Dabei büßte zum Beispiel der amerikanische Leitindex *Dow Jones* beinahe die Hälfte seines Wertes ein. Viel Geld verbrannte. Wenig später hatte der *Dow Jones* die Verluste wieder wettgemacht und lag nur knapp acht Monate, für Börsianer ein Wimpernschlag, bereits wieder über dem Vorkrisenniveau und sogar auf einem Allzeit-Höchststand. Wer in dieser Zeit eine ruhige Hand bewies oder zwei Wochen auf Urlaub war und sein Handy ausgeschaltet hatte, blieb völlig unbeschadet. Wer nervös wurde und den richtigen Zeitpunkt für einen Wiedereinstieg verpasste, konnte verarmen.

Derlei werden wir künftig öfter erleben. Es wird heftiger und überraschender als bisher auf und ab gehen, das heißt, die Volatilität steigt. Was im Übrigen nicht besonders schwer zu prognostizieren ist. Denn vor der Corona-Krise lag die Volatilität auf extrem niedrigen Niveau.

Die Börsen wirkten in gewisser Hinsicht wie eingefroren. Das war gut für Anleger, die im Grunde nicht viel falsch machen konnten.

Wenn die Dinge jetzt wieder stärker in Bewegung kommen, sowohl an den Börsen als auch bei den meisten Währungen, ist das auch eine Rückkehr zu einem gesünderen Weg.

Woher kommt diese zusätzliche Volatilität? Sie kommt daher, dass die Geschichte von der Zukunft nicht mehr so leicht zu erzählen sein wird. Ihre Erzähler, die Anleger und Analysten, werden sich öfter irren. Denn es gibt viel mehr entscheidende Handlungsfäden. Wie gut greift die Impfung? Welche Außenhandelspolitik werden die USA unter Joe Biden betreiben? Wie genau wird sich der Brexit wirklich auswirken?

Die damit einhergehenden Schwankungen werden alle Börsen betreffen, ob Frankfurt, Paris oder Mailand, nur Börsen wie jene in Wien könnten sich etwas anders verhalten. Der *ATX* ist mit seinen wenigen großen Unternehmen und seinen übermächtigen Finanztiteln recht einseitig aufgestellt, was eine besondere Betrachtung erfordert.

Es wird an den Börsen spannender.
Spannender jedenfalls, als es in den
vergangenen zehn Jahren war.

Mit Ausnahme der Monate März und April 2020, als der Schreck über den Ausbruch der Pandemie die Börsen kurzfristig zum Absturz brachte, waren die Entwicklungen wie gesagt unspektakulär. Sie gingen kontinuierlich nach oben. Und natürlich heißt diese zukünftig erhöhte Volatilität auch, dass alle, die geschickt sind, in Zukunft besonders gut an den Börsen verdienen können werden.

Sie werden allerdings ein glückliches Händchen brauchen. Denn einerseits liegt es nahe, eher auf die Pharma- als auf die Luftfahrtindustrie zu setzen, andererseits werden das alle tun. Außerdem werden an den Börsen wie schon in den vergangenen Jahren die amerikanischen »Big Five«, also *Amazon*, *Apple*, *Facebook*, *Google* und *Microsoft* die Richtung vorgeben. Bloß was wird das bedeuten? Sind sie dank der von fast allen Anlegern erzählten euphorischen Geschichten über ihre Zukunft schon überbewertet? Oder haben sie sogar noch mehr Potenzial? Wie viel? Und was, wenn es einzelnen Staaten reicht, ihre Legislativen überfällige Schritte setzen und diese Kolosse Marktzutritte verlieren oder als übermächtige Quasi-Monopole eines Tages ganz zerschlagen werden? Schließlich werden alle Staaten in Zukunft auf der Suche nach Steuereinnahmen sein. Diese »Big Five« zu beobachten, wird in Zukunft jedenfalls noch wichtiger sein als bisher.

Das Wissen der Anderen

Unter dem Strich bedeutet das vor allem für Privatanleger auch, dass Wertpapier-Investments beratungsintensiver werden.

Wertpapier-Investments werden mehr als in den vergangenen zehn Jahren den Blick auf internationale, teils komplexe Zusammenhänge und die Fähigkeit, Marktinformationen zu bewerten und einzuordnen, verlangen.

Dafür ist es nötig, Augen und Ohren offen zu halten, was gerade bei der Flut verfügbarer Informationen schnell zum Vollzeitjob werden kann. Weshalb es in Folge der Corona-Krise mehr als davor Sinn machen wird, sich an Menschen zu wenden, die diesen Vollzeitjob bereits ausüben. Das betrifft nicht nur Privatbank-Kunden, sondern auch alle anderen Bankkunden, schließlich hängt ein Wertpapierkauf nicht von der Höhe des Investments ab, sondern von der Qualität der Strategie.

Das bedeutet: In der Bank anrufen, einen Termin ausmachen und hingehen! Präsenz zu zeigen ist wichtig. Denn die Berater der Universalbanken haben Vorgaben, was sie anbieten sollen, doch je mehr Präsenz ihre Kunden zeigen, je besser sie mit ihren Ideen und Vorstellungen vertraut sind und je mehr sie sich mit ihren Zielen eins machen, desto eher werden die Berater diesen Rahmen verlassen müssen und auf ihre Standardtipps vergessen. Zeigen Sie Interesse und Mut und lassen Sie sich auf Diskussionen mit ihren Beratern ein.

Was Anleger nicht davon befreit, genau zu wissen, was sie wollen. In den vergangenen zehn Jahren sah es so aus, als könnte an den Börsen jeder verdienen, der sich bei Nacht und Nebel dorthin verirrt und kauft, wonach ihm gerade ist.

Mit der Corona-Krise kommen die Zeiten
zurück, in der Menschen eine Idee haben
und einen Plan zu ihrer Umsetzung
entwickeln müssen.

Sie müssen wieder genauer wissen, was Sie wollen und wie Sie es erreichen können. Glauben Sie daran, dass es mit den amerikanischen »Big Five« weiter aufwärts geht? Oder daran, dass die deutsche Automobilwirtschaft eine bahnbrechende technische Neuerung entwickeln und alle Zweifel an ihr hinwegfegen wird? Glauben Sie, dass die Zukunft auch an der Börse der Ökologisierung gehören wird und alle auf Nachhaltigkeit aufbauenden Firmen mittelfristig zulegen werden? Solche Ideen abzusichern und geeignete Umsetzungsstrategien zu entwickeln, erfordert auch für erfahrenere Anleger mehr Feedback durch Profis als bisher.

Die Entwicklungen der Banken kommen diesem wiederkehrenden Bedarf nicht gerade entgegen. Der Rückbau des Filialnetzes war notwendig und sinnvoll, bloß sehen viele Bankfilialen jetzt wie Automatenhallen aus, was inspirierende Beratungsgespräche verhindert. Ganz abgesehen davon, dass solche Gespräche mittlerweile schwierig zu vereinbaren sind und teilweise mit längeren Wartefristen einhergehen. Online-Beratung bietet auch keinen brauchbaren Ersatz. Es liegt in der DNA guter Beratungsgespräche, dass sie persönlich stattfinden müssen.

Ich war selbst zu Beginn meiner Karriere Zweigstellenmitarbeiter einer Universalbank und lernte von einem bemerkenswert erfolgreichen Zweigstellenleiter. Als ich ihn fragte, wieso er so viele zufriedene Kunden hat, obwohl er sich in die Gespräche nur an wenigen Schlüsselstellen einbringt, sagte er: Es geht ums Zuhören. Und zwar nicht nur deshalb, weil Menschen, denen zugehört wird, am ehesten vertrauen, sondern weil sie so die Möglichkeit haben, professionell begleitet ihre eigenen Ideen zu entwickeln. Und nichts macht mehr Spaß und bringt eine stärkere Motivation mit sich, als eigene Ideen umzusetzen.

Goldplan vonnöten

Bei Gold werden Anleger genauer als bisher wissen müssen, was sie wollen. Geld für reale Dystopien anlegen, in denen alle anderen Zahlungssysteme ausfallen? Dann sollte der Goldkurs eigentlich keine besondere Rolle spielen, denn egal wie er zu dem betreffenden Zeitpunkt steht, der Goldvorrat wird seinen Zweck erfüllen.

Gold als Investment? Da wird zwar auch in Zukunft weiter gelten, dass es keine laufende Rendite abwirft, was aber dank einer im großen Stil Geld druckenden *EZB* und den damit verbundenen Niedrig-, Null oder sogar Negativ-Zinsen anders zu bewerten sein wird: Auch viele andere traditionelle Anlagenformen werfen keine Renditen mehr ab.

Gewinn mit steigendem Goldkurs erzielen? Da wird sich weiterhin die Frage stellen, ob physisches Gold besser ist oder Fonds, die sich ausschließlich mit Gold befassen und deren Fondsmanager dementsprechend gut über die Marktsituation informiert sind.

Fest steht, dass der Goldboom, den die Corona-Krise gebracht hat und der den Goldpreis von Anfang 2020 bis zum Jahresende um rund 25 Prozent nach oben trieb, gerechtfertigt ist. Denn es ist nun einmal viel Unsicherheit da, und Gold ist noch immer für viele Anleger der sicherste Hafen. Auch, weil es wie gesagt bei Eintreten der vielfach befürchteten realen Dystopien als Währung dienen kann. In Hinterhöfen, so die Erwartung vieler, werden dann Goldmünzen gegen Brotlaibe oder Reisetickets in bessere Länder getauscht, während sich der gesamte Rest des Vermögens in Luft aufgelöst hat, inklusive dem Wert der Immobilien, die keiner mehr haben will. Dass dieser Fall eintritt, ist wie gesagt unwahrscheinlich, doch viele Menschen fühlen sich trotzdem besser, wenn sie darauf vorbereitet sind.

So lange die Unsicherheit da ist, was Corona noch alles mit der Welt macht, ob vielleicht das Virus zu einer viel tödlicheren Version mutiert und ob andere Asset-Klassen völlig in sich zusammenbrechen, wird der Goldpreis eher hoch bleiben, auch weil ihn Spekulanten so lange wie möglich ausquetschen werden.

Das bedeutet, dass der Boom, je nach Effektivität der Corona-Impfung und anderen auf das Sicherheitsgefühl durchschlagenden Entwicklungen, vielleicht in etwas abgeschwächter Form, aber doch weiter anhalten könnte. Erst wenn sich glaubwürdige Nachrichten über eine

Rückkehr zur Normalität mehren, wenn sich die Wirtschaft in den anstehenden tiefgreifenden Veränderungsprozessen als schnell, anpassungsfähig und kreativ erweist und vor allem wenn die Zinsen steigen, wird der Goldpreis wieder nachlassen.

Das bedeutet: Wer glaubt, etwas wirklich Sicheres zu brauchen, mit dem er sich überall auf der Welt und zu jedem Zeitpunkt das Notwendige besorgen kann, der kann noch immer Gold kaufen. Es wird ihm vielleicht wehtun, wenn sein Gold in fünf Jahren um ein Viertel weniger wert ist, aber seinen Zweck erfüllt es trotzdem.

Wer eine Kombination aus diesem Absicherungsgedanken und einer Werterhaltung des Investments anstrebt, kann vorläufig auch noch Gold kaufen, wobei er die oben genannten Signale für einen Preisverfall im Auge behalten sollte.

Der Wertverlust des Goldes wird nicht über Nacht kommen. Es wird ein schleichender Prozess sein, der sich über zwei oder drei Jahre erstrecken wird.

Wer hingegen investiert, um Zuwächse zu erzielen, findet 2021 vermutlich bessere Möglichkeiten als Gold vor. Wenn es trotzdem Gold sein soll, empfehlen sich eher Goldfonds als physisches Gold. Schon weil hier der Ausstieg leichter ist, im Vergleich dazu, das Gold aus dem Schließfach holen und zum Gold-Schalter der Bank tragen zu müssen, um sich den Rückkaufwert mit teils nennenswerten Abschlägen zum Einkaufswert aufs Konto überweisen zu lassen.

Anders wohnen

Vor der Corona-Krise war der Immobilien-Boom fast noch ausgeprägter als der Börsen- und Goldboom. Der Begriff »Betongold« traf die Sache genau. Wir haben in der Bank seit Jahren ein umfangreiches Programm für Vorsorgewohnungen und kamen zuletzt bei der Wohnungsbeschaffung nie richtig nach. Auch bei Immobilienfondsanteilen ließen sich Renditen in der Höhe von drei, vier oder sogar fünf Prozent erzielen.

Die Zuwachsraten, die sich mit Immobilieninvestments in den vergangenen zehn Jahren erzielen ließen, gehören zumindest für die nächsten Jahre der Vergangenheit an. Dennoch werden viele Menschen Immobilien auch weiterhin als »sichere Häfen« wahrnehmen und sie in Krisenzeiten besonders interessant finden. Dazu kommt der hohe sogenannte Anlagedruck, den die Gelddruck-Strategie der Notenbanken verursacht. Das viele Geld, das sie in die Märkte pumpen und auch noch einige Jahre lang pumpen werden, will irgendwo angelegt sein. Auch hier gehören Immobilien immer zur ersten Wahl.

Anlagewohnungen sind auch eine wunderbare Sache. Sie sind steuerschonend und es gibt inzwischen gute Möglichkeiten, sich die Mühsal des Verwaltens und Vermietens vom Hals zu halten. Auch hier würde zumindest ich selbst nicht unbedingt eine in einem Stadtzentrum gelegene Wohnung kaufen, solange die noch vergleichsweise teuer sind, sondern eher eine im Speckgürtel oder in eben erst erschlossenen städtischen Randgebieten, in denen das Potenzial noch höher ist.

Immobilienfonds erfordern künftig ebenfalls mehr Aufmerksamkeit als in Zeiten des großen Immobilien-Booms, der alle Bereiche dieser

Branche erfasst hatte. Auch der Fonds, den die Hausbank vorschlägt, oder der bekannteste von allen, sind nicht mehr automatisch sinnvoll. Schon gar nicht lässt sich die Performance so eines Fonds vor der Corona-Krise einfach auf die danach umlegen.

Anders ausgedrückt: Ab jetzt lässt sich auch mit Immobilienfonds einiges falsch machen, je nachdem, wo sie investiert sind. Das ist die entscheidende Frage. Hat ein Fonds sein Geld hauptsächlich in Hotel-, Büro- und Handels-immobilien angelegt, ist er nicht zu empfehlen. Hat er großteils Wohnimmobilien gekauft, geht es darum, was für Wohnimmobilien das genau sind und wo sie liegen. Handelt es sich vor allem um innerstädtische Luxuswohnungen mit Dach-terrasse, Whirlpool und Aufzug ins Vorzimmer? Dieser Markt ist schon ziemlich ausgereizt und wird mit dem Trend zum Home Office und der dadurch möglichen Abwanderung ins Grüne vielleicht zusätzlich schwächeln. Handelt es sich um große Wohnungen für klassische Familien, die immer seltener werden? Oder handelt es sich um günstige Single- und Kleinfamilienwohnun-gen, bei denen der Nachfragedruck wächst?

Gutes Geld

Ein Wort noch zu den Währungen. Auch hier gibt es potenzielle Verlierer und potenzielle Gewinner. Das ist selbst für Anleger interessant, die nicht auf Währungen setzen. Denn wer zum Beispiel amerikanische Aktien kauft, kauft damit auch immer ein Dollar-Risiko.

Es erfordert keine prophetische Gabe vorauszusagen, dass Währungen stabiler Volkswirtschaften, die über eine klar definierte, kommunizierende und nachvollziehbar unabhängige Zentralbank verfügen, mittelfristig die stabileren sein werden. Das gilt für den Dollar ebenso wie für den Euro.

Wie wird sich der Euro nach der Corona-Krise entwickeln? Unspektakulär. Die *EZB* wird dafür sorgen, dass er kaum oder gar nicht an Wert zulegt, weil das schlecht für die exportorientierten europäischen Länder wie Deutschland wäre.

Dazu kommt der Brexit, der ebenfalls den Euro belastet. Ich gehe davon aus, dass der Dollar in den kommenden beiden Jahren gegenüber dem Euro an Wert gewinnt, auch wenn dort mit Joe Biden ein Demokrat regiert, was die amerikanische Währung bisher eher geschwächt hat. Immerhin sieht sich Biden im Senat einer republikanischen Mehrheit gegenüber.

Eine Währung, die tatsächlich schwere Zeiten vor sich hat, ist das Pfund. England hat die EU verlassen, mit Donald Trump einen prononcierten Unterstützer verloren und ist besonders hart von der Corona-Krise betroffen. Premier Boris Johnson hatte noch 2019 Hinweise darauf gegeben, dass er England in ein Steuerparadies verwandeln und so Konzerne und Milliarden anlocken könnte, was für die EU ein Problem gewesen wäre, doch das scheint vom Tisch zu sein. Zuletzt schwenkte das bisher marktliberale Land eher in eine sozialistische Subventionspolitik ein und es bleibt fraglich, was genau dabei das Ziel ist. England riskiert jedenfalls, einmal mehr zum »kranken Mann Europas« zu werden, was nichts Gutes für das Pfund bedeutet. Vor allem Privatanleger sollten vorläufig die Finger davon lassen.

Kryptowährungen

Die Kryptowährungen haben während der Corona-Krise eine überraschende Entwicklung genommen. Offenbar scheinen viele Anleger auch sie als sichere Häfen wahrzunehmen. Ich gehe davon aus, dass das vor allem Menschen sind, die allem staatlich Gesteuerten und Gemachten prinzipiell misstrauisch gegenüber stehen und deshalb besonders zu dystopischen Visionen neigen.

Hinzu kommt, dass Kryptowährungen für digitale Generationen en vogue sind und dass der Zugang zu ihnen besonders einfach ist.

Gegenüber Jahresbeginn 2020 hat sich etwa der Wert der Bitcoins bis zum Ende 2020 nahezu verfünffacht.

Auch der Bitcoin-Boom dürfte wie der Gold-Boom zum Teil davon leben, dass auch andere Anlageformen zur Zeit keine laufende Rendite abwerfen. Angesichts der Schwankungsbreite erfordern Bitcoins aber besonders gute Nerven. Sie sind etwas für Anleger, die jeden Tag den Kurs beobachten und jeden Tag neue Strategien für Kaufen, Halten oder Verkaufen entwickeln.

Wenn Bitcoin-Anleger zwei Wochen Urlaub machen und das Handy ausschalten, könnten ihre Bitcoins auch in einigermaßen normalen Zeiten nach ihrer Rückkehr genauso gut halb wie doppelt so viel wert sein. Für Anleger mit ruhiger Hand, die kaufen und dann nach sechs Monaten wieder danach sehen, sind sie ungeeignet.

Ein sicherer Hafen sind Kryptowährungen auf keinen Fall. Ihr Zusammenbruch steht bereits im Raum.

Es wird eine Diskussion darüber brauchen, wie lange Kryptowährungen so wie jetzt völlig unreguliert bleiben können. Wie lange werden die Staaten zusehen, wie Kriminelle mit Bitcoin fast nach Belieben Geschäfte an ihnen vorbei machen? Ich glaube, nicht mehr sehr lange. Früher oder später wird eine Regulierung kommen, und schon der Beginn einer ernsthaften Diskussion darüber wird den Wert der Kryptowährungen in sich zusammenbrechen lassen. Auch die Tatsache, dass das »Schürfen«, also das Erschaffen einer Kryptowährung, einen enormen realen Energieaufwand verlangt, dürfte sich angesichts der Nachhaltigkeitstendenzen mittelfristig negativ auswirken.

Das wird viele wirtschaftliche Opfer produzieren, denn rund um die Bitcoins ist eine ganze Welt von Kryptowährungen entstanden. 2019 gab es laut *coinmarketcap.com* rund 3.000 Kryptowährungen mit einem damaligen Gesamtwert von 227 Milliarden Euro. Ende 2020 lag ihr Gesamtwert bereits bei mehr als 500 Milliarden Euro.

Etwa die Hälfte davon entfiel auf Bitcoins, die vermutlich auch eine Regulierung, stark geschwächt aber doch, überleben würden. Viele der anderen Kryptowährungen würden wohl verschwinden, einfach weil sie die staatlichen Auflagen gar nicht erfüllen könnten. Wer auf Kryptowährungen setzt, muss also wachsam bleiben, sonst könnte sein Geld plötzlich weg sein.

Leid und Chancen

Was also macht die Corona-Krise mit der Wirtschaft? Wie schwer wird es? Kommt der Corona-Crash? Ein Fazit.

Kurz gefasst lautet die Antwort auf diese Frage: Was den großen Crash betrifft, kann ich entwarnen. In der Realwirtschaft wird es ihn nicht geben, an den Börsen war er schon da, und weder Währungen, schon gar nicht der Euro, noch Staaten mit gut entwickelten Volkswirtschaften werden zusammenbrechen. Die Welt wird nicht untergehen.

Tatsache ist aber, dass die Corona-Krise vieles in der Wirtschaft ändern wird, dass sie anstehende Entwicklungen beschleunigen und dass sie damit Millionen von persönlichen Schicksalen verändern wird.

Man könnte sagen, dass jene, die den Wandel anzunehmen und mitzugehen bereit sind, zu den Gewinnern und die Unbeweglichen zu den Verlierern gehören werden. Bloß wäre das zynisch, denn es unterstellt individuelle Möglichkeiten, die es manchmal nicht geben wird.

Vor allem die Welle der Arbeitslosigkeit, die mit dem Ende der staatlichen Hilfszahlungen kommen wird, wird nicht nur die Staaten und ihre Sozialsysteme hart treffen, sondern auch für die Betroffenen zu einer massiven Bedrohung werden. Außerdem werden viele Unternehmer feststellen, dass ihre Geschäftsfelder verschwinden. Sie werden mit notwendigen Veränderungen zu kämpfen haben, ganz neue Ideen und Ansätze finden oder aufgeben müssen.

Hinter allen Entwicklungen werden die Notenbanken mit ihren Gelddruckmaschinen stehen. Sie werden auch weiterhin die entscheidende und lenkende Kraft sein, die den Crash unseres Wirtschafts- und Finanzsystems verhindert.

Das Geld, das sie auf Jahre hinaus unaufhörlich in die Märkte pumpen werden, kommt nicht nur als Segen, sondern auch als Fluch. Es verzerrt marktwirtschaftliche Spielregeln und produziert unverdiente Gewinner und unverschuldete Verlierer – aber es gibt keine Alternative.

Unter den Staaten wird es am härtesten die treffen, deren Volkswirtschaft wie jene Italiens oder Spaniens einen hohen Tourismus- und Landwirtschafts-Anteil haben.

Die großen wirtschaftlichen Trends, die neben der steigenden Arbeitslosigkeit und den steigenden Staatsschulden von der Corona-Krise ausgehen oder die sie verstärkt und verlängert, sind das Ende des Booms im Tourismus, die Digitalisierung des Handels, eine Differenzierung des Immobilienmarktes, starke Bereinigungen in Branchen wie der Luftfahrtindustrie und unberechenbarer werdende Börsen.

Wendepunkt in der Wirtschaftsgeschichte

Das alles mag trotzdem klingen, als würden wir die Corona-Krise noch einigermaßen glimpflich überstehen. Doch je weiter wir mit der Betrachtung ins Detail gehen, desto deutlicher wird, dass mit dieser Krise in der Wirtschaft alles in Bewegung geraten ist, dass, wie es so schön heißt, kein Stein auf dem anderen bleiben wird, dass jedes einzelne Unternehmen und alle Individuen, die an der Wirtschaft teilnehmen, und sei es nur als Konsumenten, diese Veränderungen spüren werden. Damit geht auch so etwas wie eine Ära der Ruhe zu Ende, die nie mehr wiederkommt.

Denn die Veränderungen, denen wir uns jetzt stellen müssen, steuern auf keinen Abschluss zu. Sie schaffen keinen neuen Status quo mehr. Die Welt und ihre Innovationszyklen beschleunigen sich immer mehr. Von der Zukunft aus betrachtet wird die Corona-Krise vielleicht jenen Punkt in der Zivilisationsgeschichte markieren, ab dem es endgültig unmöglich geworden ist, unsere kleinen persönlichen Welten von der Dynamik und den Turbulenzen der großen Welt da draußen abzuschotten. Ab dem wir endgültig gezwungen waren, äußere Fix- und Anhaltspunkte aufzugeben und sie im besten Fall durch neue, innere zu ersetzen.

Die Corona-Krise setzt uns in Bewegung, mit allen Vor- und Nachteilen, die das hat.

Es gibt Grund zum Optimismus, wenn wir den Veränderungen offen begegnen und sie zu steuern versuchen. Das erfordert klare Visionen, aber auch ernsthafte Diskussionen, wie wir leben wollen und wie wir nicht leben wollen. Es erfordert auch, was gerade jetzt vielleicht sogar noch schwieriger ist, ein gewisses Grundvertrauen in Institutionen wie die EU, die *EZB*, nationale Regierungen, Zentralbanken und andere Steuerungsinstrumente, die wir als demokratische Gesellschaft geschaffen haben.

Wenn wir das alles hinbekommen, dreht sich die Spirale der Veränderungen hin zu Dingen, die wir dringend brauchen: Hin zur Ökologisierung und Digitalisierung, die beide einen neuen Umgang mit den Ressourcen dieses Planeten mit sich bringen. Hin zu einer Globalisierung im Sinne eines grenzüberschreitenden Miteinanders bei gleichzeitiger Regionalisierung vieler wirtschaftlicher Prozesse. Das alles begleitet von einem inneren gesellschaftlichen Wandel zu mehr Achtsamkeit. Letzterer könnte der größte sogenannte »Game Changer« von allen und ein echter Turbolader für eine neu zu gestaltende Gesellschaftsordnung werden.